天下文化
BELIEVE IN READING

→〇無路，可走●
●日以→繼夜〇─
鏺 ──→ ─────
〇路 ─────→前行●

目錄

實踐者

序 ——→ 潘孟安

「達成目標與夢想的方法只有一個，就是累積微不足道的小事，」這是日本傳奇球星鈴木一朗說的一句話，他用 16 年的時間，在美國職棒大聯盟完成 3,000 支安打，屏東用 8 年時間「轉大人」。

我曾在電視廣告上聽到一句話，真正的美是從裡到外透出來，屏東，正是如此。

位於島南的獨特地理位置，成為屏東的束縛與制約，外界始終以屏東之外的觀點來詮釋。2014 年，我在就職時，站在屏東縣政府前，眺望遠方的大武山，以毛筆寫下了「人」字，「以人為本」是團隊出發的核心，「安居樂業」是縣府施政的目標。

這幾年，從老舊校舍、公共空間、交通建設、水利工程、醫療院所等硬體的更新、升級、新闢，抑或是零到百歲，不同年齡、性別、職業、族群的全人照顧，從軟體到硬體，不敢、不能也不願顧此失彼。

除了軟硬體之外，我們想追求更多，那是一種屬於心靈層面的滿足與自我認同，這個部分難以透過計畫推動或硬體建設換得，只能藉由不斷去實踐，透過自我對話、拉扯、挑戰及跌撞，一點一滴由內而外的型塑與建立。

每每入夜坐在宿舍的大會議桌前，握著手上越削越短的鉛筆，幾度撐不下去甚或想放棄，鈴木一朗的那句話像是燭火，在遠方的盡頭朝著我揮動，於是，咬咬牙，握緊拳，我告訴自己「再拚看看」。

一覺醒來，朝惺忪又浮腫的雙眼潑冷水，揉揉臉，開始沒有盡頭的一天，就這樣，跌跌撞撞，喜喜悲悲，日日夜夜，聚聚散散，此刻走到了這個路口。

回首近 3,000 個日子，屏東進行了一場又一場的自我革命，挑戰始終沒少過，從台灣燈會、台灣設計展、全國中等學校運動會、屏東縣民公園、屏東縣立圖書館總館、屏菸 1936 文化基

日以繼夜，挑戰過去
突破自己，走向未來。

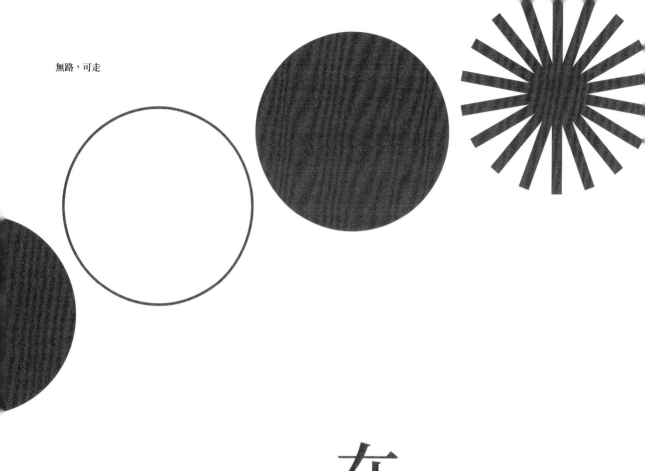

接了山，
銜了水，
串了人，
在荒蕪之中
創造契機，
走出屬於
屏東的
走出屬於
價值。

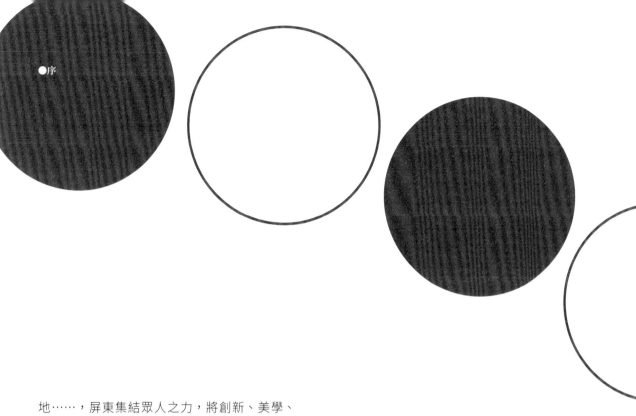

地……，屏東集結眾人之力，將創新、美學、改變的種子，吹往山林、水域、城鄉，接了山，銜了水，串了人，在荒蕪中創造契機，走出屬於屏東的價值。

屏東，一次又一次的翻轉自己；屏東，一次又一次的趨近了世界，讓屏東不再只是地名，而是一個品牌，更成為一種眾人所嚮往的生活風格。

尤其是世紀之疫的病毒入侵，是對屏東最大的考驗，屏東人上下一心，正面迎擊 Delta 病毒，在這處沒有醫院的偏遠小鄉——枋山，我們將傳播力極強的變種病毒阻隔下來，除守住了台灣，更讓我領悟到，屏東開始慢慢質變，即使外在資源匱乏，如今的屏東已經可以懷抱著自信、自立、自強，昂首未來。

到底，這份做了 8 年的工作，我很想知道團隊的期末考分數究竟為何。即使，屏東的願景館裡，放滿了國內外的獎項、獎盃、獎狀，而各種民調或評比，屏東亦由後段班跳為優等生，只是，這些表象真的代表了人民的心意？

直到那天下午，我參加南國漫讀節活動，因行程調整，罕見的早到，我忍不住捉緊空檔，到處晃了一趟。步行到惜福橋前，遠遠看著長者圍著老榕樹話家常；萬年溪的水岸斜坡盡頭，移工躺在草皮上滑手機；幾位剛從總圖出來的年輕人，拿起手機在拍紫花風鈴木；一群鳥友提著自家鳥籠，聽著綠繡眼用啾啾聲一較高下；遊戲場的孩子們跑跑跳跳，老中青三代則鋪了野餐墊聊天；樟樹林道下的松鼠與運動者在競速……。

屏東
可以懷抱著
自信、自立、自強，
昂首未來。

　　短短1、2百公尺，我看到了最美的一幅畫，不分身分、年齡、職業、國籍、貧富的人們，共處於一個地方，大家做著自己想做的事，那一瞬間，我收到了自己的成績單。

　　我始終相信，政府是為了人民而存在，不論任何人，都應該能在有尊嚴的前提下生活，外界挑戰再多，都不能凌駕人民追求幸福的權利，近年不間斷的天災與人禍，讓我更加確定這個核心價值。

　　這本書，表面上寫的是屏東，從遭逢的困境、滾動的組織、改變的決心、專業的投入、轉型的躍進……，屏東的故事存在其中，其實，每個翻頁之間，藏的卻是台灣的精神，或人類追求美好的想望，字裡行間有你有我還有他。

　　在此，感謝每一位參與者、見證者、支持者，以及每一位監督者、鞭策者、挑戰者來給分，不管我們現在站在哪一個位置，未來要往哪裡走，請讓我們緊緊攜手，讓屏東成為可以安居樂業的地方，使台灣成為能夠做夢圓夢的Formosa，未來，屏東會因為我們而更美好，台灣，會因為我們更茁壯……。Ⓟ

● 繼續 → 讓屏
↘ 成為，

安居樂

東

可以↓
業的→地方○

22:45M

章節 I

停

9E →①觀光 ＼②醫
＼③族群

北緯22:

東経120:29E

◯轉捩，從過去到→未來●

屏東，位於島嶼之南，天高地遠，對外地人來說，充其量，是畢業旅行的匆匆一遊，只是一個地理名詞，甚至常常被簡化為「墾丁＝屏東」，屏東人只要聽到這句話，總是忍不住在喉頭發出「厚」的一聲，再多說一句都嫌煩，尤其接到親友「我人在墾丁，你要不要來一下？」的電話，總是忍不住翻白眼。

事實上，光是屏東縣境的南北就長達 112 公里，約莫是從台北市到苗栗縣的距離。

從簡單一句問話就知道，彈丸的島嶼，卻有屏東以及屏東以外的兩種分別，中間那道深深的鴻溝，遠遠超過科學量測的數字。

這樣的結果，其實早在 40 多年前，《區域計畫法》上路時就已埋下伏筆。中央在屏縣劃設大量的特定農業區，這樣的設定如同隱形緊箍咒，將屏東的手腳緊緊縛著。

除了特定農業區的劃設，台灣第一個國家公園落腳屏東，國境之南又納入台灣後花園，從農業到休閒，一個又一個緊箍咒讓屏東喘不過氣，始終是被支配的附屬城市，一個若有似無、經常被遺忘的地方。

一處有山、有海、有離島的地方，因著附屬城市的定位，各種重大建設與交通發展止步，就連《離島建設條例》等補助，多落在花東地區，屏東連被補償的機會都沒有，長此以往，不便的交通阻礙了觀光的發展，工商產業止步，讓屏東陷入進退維谷的窘境。

「既然沒有路，那就鑿路前行，」2014 年年底，當選屏東縣縣長的潘孟安率領團隊上線。

就任前，潘孟安早已花 12 年的時間，了解屏東的方方面面，擬定一套「施政白皮書」，但，鮮少人將其放在心上，因為在大眾的刻板印象中，「跟政治人物認真就輸了」，選民選擇「聽聽就好」，不敢、不願也不想將種種選舉承諾放入心坎，以免再一次失望。

縣政府團隊選擇做給大家看，事實勝於雄辯，8 年來，縣府團隊把一塊錢當三塊用，穩穩的、靜靜的走自己的路，透過交通、人才、經濟的流通，脫胎換骨，最重要的是，找回了屏東人的光榮感。

據《遠見雜誌》縣市長施政滿意度調查中，潘孟安連續 3 年獲得五星首長的榮耀；在《天下雜誌》「2021 年縣市長施政滿意度調查」搭配「幸福城市大調查」中，屏東縣也在經濟力、施政力、環境力、文教力和社福力等五大指標中，奪冠出線，成為全國模範生。

「樹木結疤的地方，也是樹幹最堅硬的地方，而我們遍體鱗傷的地方，到後來都會成最強壯的祕方，」台灣首位獲得奧運柔道銀牌的楊勇緯，是屏東排灣族子弟，他的這句話亦是屏東的最佳寫照。

「無路，可走」，自此而後，屏東不需要和別人比，而是和自己比，讓明天的屏東比今天好，明天的自己比今天幸福……。🅟

観光①

屏東人先奉上真心，再將旅人的心，緊緊黏在國境之南，那一片陽光灑落的土地上。

心，遺落的地方

看到「I ❤ NY」T恤就會想到紐約；攀上高塔就會憶起巴黎艾菲爾鐵塔；大三巴牌坊是澳門地標；來到台北沒登上101大樓就算錯過……。標誌性建設是一座城市的名片，為了吸引觀光客與投資者，世界各大城市無不絞盡腦汁，打造專屬的品牌。

台灣各地，一下子瘋煙火，然後，一股腦推彩繪，再一窩蜂蓋天空步道，又一口氣蓋起了歐式民宿，最後又是一個樣的市集……。台式拚旅遊常是照本宣科的抄襲或旋風式的模仿，走一處等於逛遍全台灣，不論吃、喝、玩、樂、住，總是複製、複製再複製，最終淪入削價競爭的悲劇循環。

台灣的軟實力究竟在哪？什麼才是城市品牌的經營之道？該到哪裡尋找文化靈魂？後疫情時代的趨勢又是什麼？

任憑科技再進步，計算再精準，人心始終難以捉摸，無法度量，屏東摸索出自己的心法。

城市拚觀光，就怕一窩蜂的套用模板，不論大城或小鎮，唯有凸顯在地特色，透過深度體驗或文化旅遊，方能吸引旅人目光和腳步。

車城「落山風冬季西瓜」；後灣的「採鹽、滷豆腐」體驗；林邊的「沙地焢窯、釣螃蟹」；霧台的車等人「觀光郵輪巴士」……，不論大城小鎮，山區漁港，都以全新語彙轉譯在地風情，進化為一種獨特的觀光體驗形式，這就是屏東現在正在做的事。

屏東，一次次成為心遺落的地方，追根究柢，祕訣就是「以心換心」而已，屏東人先奉上真心，再將旅人的心，緊緊黏在國境之南，那一片陽光灑落的土地上。**Ｐ**

二○二一年，
捷克經濟文化辦事處在屏東舉辦晚宴，
各國駐台代表齊聚屏東縣民公園的地坑，
以捷克國旗紅、藍、白
三色打底的燈光秀炫目，
泰國蝦、牛蒡、洋蔥及烏魚子紛紛上桌，
勇士舞登場演出、琉璃珠藝師秀藝，
藝術、美食、音樂穿針引線，
東方遇上了西方，
極致之美盡現，越在地越國際。

二○二二年屏東燈節，
殺蛇溪畔的縣民公園燈區，
阿咧岸邊戲水；
日式眷舍的勝利星村創意生活園區燈區，
史努比迎賓送禮，
不同主題燈飾設計，創造城市全新光景，
不用花錢出國，美景盡在屏東。
太空人裝翼起飛；
萬年溪步道及周邊場域燈區，
循著光，一步踩著一步，
光世界的彼端，
是家，是溫情，是心遺落的地方。

Where →？就是屏東！

總是 ↘
→ 多一度的 ————→ 屏東○

若問屏東人哪裡好玩？什麼東西好吃？伴手禮怎麼買？問 100 個人，會有 101 種答案，多出的那一個，是正好經過的熱心路人提供的點子，屏東就是多一度溫暖、多一點善意、多一些意外的地方。

電視劇《斯卡羅》（Seqalu）女主角溫貞菱，在《屏東，總是多一度》影片中，足跡行遍白榕園、龍磐公園、滿州港口茶、小琉球海灘、山豬溝等處，有 19 度的清涼海水、26 度的徐徐微風、36 度的熱情南國，這是在屏東拍戲近 4 個月，溫貞菱眼中推薦的屏東。

新世代的創作者黃小玫在《海與光》音樂影片裡，用日文唱出屏東的景點和小吃，豬腳、愛玉、紅龜粿，讓人想要咬一口，不僅在 YouTube 超過 89 萬點擊率，還拿下日本國際觀光影像節的最佳東亞影像獎。

多一度的美麗、氣候、甜果，還有濃濃的人情味，化作無聲的召喚，聲聲催人來，「觀光首都」的名號可不是浪得虛名。

「屏東＝墾丁」的刻板印象源自 1984 年 1 月 1 日，墾丁國家公園管理處成立後，全台第一座國家公園落腳國境之南，自此，墾丁始終是屏東觀光的主鑽。

從馬來西亞到台灣成功大學念都市計畫的 Warren，因為實習來到半島，最後留在這個地方，說話有著獨特腔調的 Warren，早已是在地的恆春人，白天穿著夾腳拖跑社區，入夜哪家 Pub 最有味，問他準沒錯。

Warren 說，來到恆春立刻就愛上了，因為，古城、椰樹、山光水景都與自己的故鄉相仿，讓他有種安心的熟悉感，尤其是人味，「這裡的人們沒有太多的防禦心，相處起來很舒服也很自在。」

不過，身為台灣的渡假勝地，每年數百萬的國內外遊客，整個觀光圈仍是以墾丁國家公園為核心，不管畫出的圓有多大，對屏東而言，終究只是局部地區。

出身半島的縣長潘孟安當然清楚箇中微妙，墾丁固然具備了國際級觀光景點的條件，但屏東觀光的未來，必須擴大且加深墾丁的旅遊模式，須盡早推動屏東觀光走向多元化與分眾化，以免受到單一市場或特定事件影響而起伏。

這樣的預見果然成真，近幾年，隨著陸客退去，加上疫情接踵而來，天災與人禍讓恆春半島的觀光產業呈現雪崩式下滑。

據墾丁國家公園管理處統計，2000 年，國立海洋生物博物館在車城鄉開幕，當年墾丁遊客增加到 550 萬人次。2007 年、2008 年在全球金融海嘯衝擊之下，這個數字曾跌到 340 多萬人次，但隔年又回升到 490 多萬人次。

2010 年，中國開放旅遊團來台，墾丁遊客連年攀升，從 600 多萬、700 多萬到 2014 年創下的 837 萬人次，是歷年最高峰。2016 年陸客人數減少，旅遊人數開始下滑，2018 年降到 356 萬人次低點，2019 年回升到 400 萬人次，2020年、2021 年受到疫情影響，連續下降到 262 萬、179 萬人次的新低點。

層次化生態旅遊，打開深度觀光大門

唯有品質才能立於不敗之地，隨著市場的轉變，縣府加速、加深進化的力道，積極輔導在地社區挺進生態旅遊，努力將窄門打開。

「社區生態旅遊的源起，是為了解決生態保護及經濟發展的矛盾，過去兩者間是對抗的，如何將雙方拉進同一個平台，創造雙贏，是我們當時思考的方向，」2006 年開始擔任立法委員的潘孟安，力推社區總體營造，領著社區蹲馬步練功，一路走來，經歷農業再生，至今地方創生，不管名稱怎麼改，本質卻絲毫未變。

老家在台中的林志遠，立足半島超過 10 年，先是在恆春成立里山生態，輔導恆春半島社區發展生態旅遊，在旅遊市場急凍的 2020 年，因箭在弦上，成立了「島風行旅」旅行社，推出社區遊程多達 50 種路線，一路走來的苦怎麼都說不完，猶如冬天恆春盛產的牛杙仔蘿蔔，為了求生，拚命將養分和水分往地下莖輸送，造

就獨一無二的甜美口感。

2022 年落山風吹起的夜晚，林志遠回看 10 餘年來的青春，從學生、文青到負責人，面對艱困環境，屢屢萌生不如歸去想法的他，不敢想太遠，很實際的說：「至今還沒死，明年應該還能活下來。」

如今，生態旅遊成為恆春半島觀光的新苗，恆春 4 鄉鎮共 14 個生態旅遊社區，除了藍天綠海，各個社區找出自己特色，滿州社區的獵人變身生態解說員；後灣社區推出採海鹽及手製鹽滷豆腐；龍水社區以特色有機米製作紅龜粿⋯⋯。過去大家習以為常的人文風情，經過再詮釋，吸引遊客前往體驗，讓半島旅遊市場從大眾慢慢走向分眾，切入不同層次的市場需求。

屏東縣政府傳播暨國際事務處處長鄞鳳蘭認為，屏東發展慢遊再恰當不過，因為縣境有平原、高山、海灣、半島等 4 種地形，更擁有一座國家公園——墾丁國家公園、兩個國家級風景區——大鵬灣國家風景區及茂林國家風景區、台灣原住民族文化園區及六堆客家文化園區、墾丁及雙流兩座國家森林遊樂區，還有林後四林平地森林園區和四重溪溫泉。

另外，人氣暴紅的「海上樂園」小琉球；森林成群的沿山公路；全台最佳飛行運動場——賽嘉航空運動公園等，都很適合發展體驗型的生態旅遊和主題慢遊。

為了擦亮一顆顆明珠，縣政府以「顧客導向」為思維，將觀光發展成全縣型的領航性服務產業，採陸、海、空結合的 3D 體驗，針對旅客食、宿、遊、購、行等需求，提出具體可行的套裝旅遊，從語言、交通、食宿、廣宣等多管齊下，要將屏東發展成為「友善、智慧、體驗」兼具的旅遊天堂。

正因為推動深度旅遊，更需要專業，人才養成至關重要，縣府藉由地方創生，因地制宜，展開各種扶植計畫，屏南由「森社場所」結合在地社區，發展生態旅遊；屏中則由「大鵬灣觀光產業聯盟」，結合大鵬灣、小琉球、東港、林邊等區域的年輕人，投入產業再造；屏北的「勝利星村」亦扶植了大批返鄉的文創人才。

在後疫情時代，人與自然的關係日趨緊密，屏縣過去 8 年累積的「生態旅遊」與「慢遊」等觀光型態，正好符合時下需求，成為屏東觀光產業再起的重要動能。

濃濃的人情味，舒服而自在。

●超有↓ 個性的───→屏東○

「屏東哪裡好玩？」在地人聽到這句話不免躁了起來，各種地形、地貌獨一無二，怎麼玩都行，怎麼玩都好玩，但外地親友每回只想去墾丁，將山光水色收攬入懷後，又忍不住抱怨怎麼都只去墾丁！

主責觀光旅遊業務的屏東縣政府交通旅遊處變身為屏東旅遊家，不時發掘屏東版的優勝美地，適時釋出第一手情報，端看遊客喜靜或好動，愛山或樂水，走生態或聽故事，五花八門的客製化行程掛在網站上，點、線、面的遊程應有盡有，任君挑選。

屏東處處有景點

現今最夯的行程，早已不見鵝鑾鼻燈塔、墾丁大街或南灣戲水這類單點式的速進速出，交通旅遊處處長黃國維舉例，很多人誤以為鵝鑾鼻燈塔是台灣最南端，其實，「台灣最南點」

位在鵝鑾鼻公園附近，依著指標，穿越綠色林道，抵達「東經 120 度 50 分 0 秒；北緯 21 度 53 分 59 秒」，站在最南點瞭望平台，兩塊分離卻又一體的立碑，意謂著海陸相依，左看太平洋，右覽台灣海峽，南眺巴士海峽，東、西、南不同方向的海上風貌盡收眼底。

除此之外，大尖山周邊的 14 個社區更成為旅行新熱點，遊客能走訪生態的後灣、故事的龜

山、歌謠的滿州等體驗型路線，若偏好「季節限定」，磨黑豆漿、烤飛魚乾……，只要提前預約都沒問題，屏東永遠比大家期待的還要多更多。

半天一天玩不過癮，想待上十天半個月，屏東是首選。中央、縣府、鄉鎮、社區、觀光業者，採跨域合作方式，以特定風景區或旅遊廊道，讓觀光不再只是觀光，而是充分展現生態、生活、生命等在地樣貌。

在屏南，「屏東縣落山風風景特定區」是探索恆春半島的門戶，結合車城鄉的「看海美術館」、牡丹鄉的「牡丹社事件故事館」與「落山風風景特定區概念館」，以及滿州鄉的「滿州民謠館」，總面積約 1 萬 1,300 公頃，由台26線、縣道199、縣道200、屏172線等路線，串成綠色路網，可以隨心深入產業、社區、自然、歷史、文化，是慢活的療癒天堂。

「出火特別景觀區」則是縣府新塑的觀光品牌，這個舊景點，因為儲藏於泥岩層的天然氣

自裂隙竄出地表，經點燃後形成出火的景象，向來是觀光客及學生畢業旅行的必遊景點，但這處據點自墾丁國家公園劃出後，因管理權責的模糊與法規的限制，衍生旅遊亂象。交旅處處長黃國維說，現著手將其劃為觀光地區後，已串聯周邊觀光資源，打造「出火」的新品牌。

順著沿山公路來到屏北地區，以位居屏東最北且最高的原鄉霧台，看山是山，玩水亦有水，甚至新推出「觀光郵輪巴士——神山線」。到山上搭郵輪？這是什麼樣的邏輯？這是針對時下慢遊的型態而設定，採取「車等人」模式服務，有如一艘豪華郵輪直抵各港口停泊，讓自由行、散客不必為交通轉乘苦惱。

全程在導覽員深度解說下，走訪藝術風格強烈的教堂、喝一碗當地的小米愛玉、細細品味岩板巷藝術街的創作，走走停停的自在行程宛如磁鐵，預約人數直線上升。

細細品味

這一座

燦燦花園。

　若不想走山，在霧台的另一端，則有一處以七彩岩壁聞名的祕境位於魯凱族聖地，這處享有「雲豹之湯」美稱的哈尤溪溫泉，位於隘寮北溪支流哈尤溪上，岩層富含鐵質及多種礦物，泉脈自岩壁隙縫汩汩流出，在硫磺沖刷下，將岩石染成紅、黑、黃、白等繽紛色澤，在壯麗峽谷襯映下，成為大自然的巨作。

　由點連線變成面，如今「霧台鄉自然人文生態景觀區」是全國第一個原住民族地區自然人文生態景觀區，用以保護當地文化及生態，劃設範圍內有哈尤溪、神山瀑布，以及阿禮部落頭目家屋等珍貴自然景觀及文化資源。

　這樣主題特定區的發展是特例嗎？完全不是，事實上，兼顧觀光、文化、體驗的生態旅遊，同樣扎根在原鄉的台 24 線沿線、牡丹鄉的 199 線、串聯沿山公路 8 個鄉鎮的屏 185 線，是另一種帶狀的旅遊新風貌，如同萬花筒般，精采且充滿變化。

　屏東縣縣長潘孟安有感而發的說，觀光產業是需要養成的，一路走來，從人才培育、社區陪伴、空間再造、區域串聯、整合行銷，一步接一步的發展出線狀觀光帶及多元的主題景觀區，就是要讓遊客捨不得走馬看花，能對屏東流連忘返。 Ⓟ

●就是↓
要到→屏東───→聽歌○

　　觀光旅遊可不光是吃喝玩樂而已，在季節更迭或歲時節慶打著「季節限定」、「場域限定」的大旗下，反而更有誘人的吸引力，屏東採取分眾策略，透過母雞帶小雞的模式，推出了不同的主題音樂和文化祭典。

　　四季之歌在屏東不是名詞而是動詞，屏東在春、夏、秋、冬各有經典且獨特的音樂 buffet，透過音符釋放禁錮多時的靈魂。

　　春夏之間的音樂是純粹的、個人的、自我的，音符在屏東一南一北迴盪。

獨立音樂祭從島南起跑

　　在屏南，過去 20 年，恆春每年舉辦的音樂祭「春天吶喊」，曾造就台灣一個世代的音樂浪潮，五月天、董事長、四分衛等樂團都曾參與。吶喊的音符裡，有春天的影子，從墾丁草地的

舞台一路唱進台灣各地，花開遍地，如今，全台大型音樂節已超過 30 個，恆春始終是台灣獨立音樂的搖籃，早已在音樂世代心中烙下印記。

　　自 1995 年的春吶開始，一度轉換成「獨立音樂季」，現在則以「台灣祭」為名，即使名稱、樣貌、型態不停轉變，但樂團或歌手的純真、清新和直爽不變，屏東縣政府持續將「台灣祭」品牌擴大，要讓恆春繼續成為台灣追求獨立音樂的夢想之地。

　　在屏北，春暖花開的時節，「屏東三大日音樂節」在屏東市登場，不過，這裡走的不是小眾的獨立音樂，反而是大眾耳熟能詳的流行歌，跨越經典、文青、搖滾等主題，3 天就能吸納超過 10 萬名觀眾到場。

　　2021 年，歌手田馥甄的〈先知〉、〈你就不要想起我〉的空靈歌曲，收攏無數人心；萬芳

的經典〈什麼將把你帶走〉，一開口就讓粉絲耳朵懷孕了。一位孩子已出社會的 5 年級媽媽說，過去從來沒聽過什麼演唱會，沒想到，竟然可以散步到體育館，坐在階梯上，跟著台上歌手一起哼唱當年的歌，第一次嘗到音樂帶來的沸騰感。

秋收之際，屏東的原鄉部落以「斜坡上的藝術節」，與各界分享豐收的歡愉。

屏東縣政府自 2015 年起，舉辦「斜坡系列」

原民工藝及音樂等藝術活動，現已是屏東原住民最知名的藝文活動品牌，除了木雕、原民藝品外，人潮席草地而坐，范逸臣一開唱，便引爆全場瘋狂，在地歌手戴曉君、少妮瑤唱出屬於屏東的聲音，一時間彷彿進入《海角七號》的電影場景。

屏東的另一端，落山風吹起，在〈思想起〉的季節裡，半島的老少們接唱民謠，悲涼的〈牛母伴〉曲調，在起風的時刻入耳，心總是酸的，獨一無二的百年民謠，散發一種莫名的魔力，

吸引各方人馬前來。

經過多年整合，一年一度的「半島歌謠祭」，以「文化扎根」、「駐點創作」、「跨界創新」、「世界音樂」等四大基調深耕，連結不同土地與文化，讓地方新聲與國際樂手交流融合，打造獨一無二的音樂藝術品牌。

屏東縣政府對全台愛樂者下戰帖，愛唱的、愛聽的歌王或歌后，或是五音不全、總慢半拍的音癡，在屏東的音樂盛宴裡，人人都是 VIP，不管春夏秋冬，隨時歡迎大家來尬歌。

文化，是刻在心頭的旅遊

旅遊書上，世界各地都有人生必去的百大慶典，與其出國，不如先走一回屏東，參加了閩、客、原、新住民等代表性節慶，總會讓人有恍然大悟的感受，懂得習俗的其來有自。

每年 2 月的春節，屏東「六堆祈福尖炮城」，就會在劈哩啪啦的炮竹聲中揭開序幕，屏東六堆的 8 個客家鄉鎮皆視為盛事。

客家事務處處長陳麗萍說，早期六堆客家庄設置類似烽火台功能的瞭望台，一旦受到攻擊就會在瞭望台點燃煙火，通知其他六堆區域的堆民共同禦敵。時局太平後，逐漸演變為元宵用來加強團練捍衛家園，並向伯公（土地公）

祈求平安的娛樂賽事。

這項民俗慶典在萬巒鄉五溝水社區年年舉辦，百年不斷，屏東縣政府將這項傳統民俗擴及六堆，後被客委會列入全國客庄 12 大節慶之一，每年吸引 2 萬人次的選手與民眾參與。

此外，客家人會在每年農曆 10 月至 11 月間，擇一吉日，做完福儀式。早年的完福儀式是全村總動員，通常祭拜要持續一整個晚上，直到第 2 天清晨才完成。

客家文史研究者邱薇樺指出，完福主要是感謝上蒼及神明過去一年的協助，使各家農作得以順利完成，若有某家人因為時運不濟，無法有好收成，也藉此機會向神明祈禱懺悔，祈求來年能有更好的收成。

縣政府自 2015 年起，將這種敬天的生活習俗結合慶典，選以客家最重要的主食──米食，在每年秋收季節舉辦「屏東粄條文化節」，融入粄食研發、粄食廚藝、粄食競賽、慢遊客庄，傳承客家百年文化，打造屏東粄條品牌。

回到海線，東港是台灣的遠洋漁業重鎮，在茫茫大海中討生活，讓討海人對天多了份敬意，除了廟宇數量僅次於台南，王爺信仰深入東港、小琉球甚或南州，每 3 年會舉辦一次迎王平安祭典。

迷人的南島靈魂。

「東港迎王平安祭典」歷史久、醮期長，也是全台最盛大的王船祭典，連續8天，祭典期間萬人空巷，2010年被文化部列入國家級重要民俗文化資產，近年屏東縣政府將東港、小琉球、南州等三地迎王活動，整合為「屏東迎王平安祭典」，適度融入觀光元素，提升地方能見度。

身為東港子弟的方智弘是北漂族，他說，以前總是只看熱鬧，2021年特別自台北返鄉，首次擔綱轎班，參與遶境，從上午7點走到晚上12點，感受東港人的凝聚力。

方智弘說：「記得遶境走到第4天，腳底因第1天過火儀式灼傷而起的水泡，在每日遶境反覆踩踏中，早已痛到無法以正常速度行走。有一晚徒步回家的路上，迎面而來一位機車騎士，簡短一句：『欲尬你載無？』無疑是夜裡最帥氣而暖心的問候，每一個片刻光景，都是以往沒看見的細節，也是這次最受感動的地方。」

至於鮮為人知的平埔族文化，縣府8年前開始推動馬卡道族復振運動，與部落合力推動的「馬卡道族聯合夜祭」，在內埔老埤、高樹加蚋埔、萬巒加匏朗等部落舉辦，活動登場之前，會先舉辦文化課程，並與學校合作出版繪本。

高樹加蚋埔夜祭在女祭司「尪姨」帶領下，遵循古禮崇敬祖靈，包括狗靈祭、土牛祭、趒戲、點獻豬、敬天公等禮儀，展現馬卡道族人對自然環境的崇敬及感恩，並感謝阿姆祖對族人的庇佑。萬巒加匏朗仙姑廟的夜祭儀式，結合仙姑祖傳說故事，並搭設竹橋跨越河道，重返仙姑祖及祖先原居地。

自從縣政府以官方角度，推動祭典儀式、會親交流、文化課程，凝聚了族群共識，接起斷鏈文化，讓越來越多平埔族青年投入文化導覽，傳承馬卡道特有的祭儀文化，也讓大眾對此無形文化資產有更多認識。🅟

深邃

每個光景，
都是以往沒看見的細節

卻也是最受感動的地方。

●獨一無二的↓
──→個人化→旅遊○

適時、適地、適人的個性化旅遊，已是新興的旅遊形式，可讓不同年齡層的旅者，重寫「旅行」的定義。

日本人喜愛泡湯，適合到日本親王曾造訪的四重溪溫泉；歐美國家旅客熱衷登山、衝浪，北大武山、阿朗壹、佳樂水等祕境包準讓他們流連忘返；韓國遊客喜愛嘗試台灣小吃，推薦特色美食及夜市景點準沒錯；泰國旅客重視宗廟文化，屏東是台灣廟宇數量第二的縣市，絕對能滿足他們的好奇。

2020 年，屏東縣政府以「Login 屏東彩起來」的獨特關鍵字，做為屏東縣的品牌意象，以色彩分類觀光資源。「Login」代表「登入」，縣府運用色彩學來包裝觀光主題遊程，「紅」—美味的、「粉」—生活的、「黃」—傳承的、「綠」—生態的、「藍」—運動的、「橙」—人文的，不管登山運動、親子旅遊、網美文青，

或銀髮樂遊、文化體驗等，都能滿足不同遊客的需求。

傳播處處長鄞鳳蘭說，屏東的觀光元素多彩且繽紛，處處是亮點，365 天都適合來旅遊，現階段的任務正是做好分眾規劃，方便遊客輕鬆做個別選擇。

即使是傳統旅遊淡季，屏東縣政府依舊能逆轉勝，找出獨一無二的旅遊情趣。

過去，恆春半島進入冬天就轉入淡季，如今就連動輒 9 級風力的落山風，屏東也有辦法找出優點，縣府推出一連串的活動，將風入景，讓整個冬天遊客絡繹不絕。

落山風藝術季推出才短短數年，就成為台灣獨一無二的地景藝術節，從日到夜的沉浸式體驗，吸引四面八方的人們走入看海美術館，接

受風與藝術的洗禮，就連車城四重溪特產的「落山風冬季西瓜」，打著「快來一次享有全國最南的西瓜和溫泉，給你冰與火多一度的感受」，成為另類宣傳。

怕麻煩的行動派遊客，遊性來了，只要點開「屏東旅遊網」，各種旅遊情報即刻映入眼簾，從特色景點、主題遊程、深度旅遊，到好吃、好買、住宿等分類都有，動動一指神功，就能找到適合自己的觀光形式，想怎麼玩就怎麼玩。

遊學不一定得出國，到屏東遊學趣

遊學原本就是一種熱門的遊程，而屏東是一本大書，縣政府結合學校、社區、合作社，每年擷取屏東山、海、平原及都市精華，跨界進行活動設計和遊程安排，提供客製化的遊學行程，讓親子不必捨近求遠，可透過「遊學屏東趣」展開另一種型態的壯遊。

縣長潘孟安亦化身導覽員，加入推廣的行列，他說，「遊學屏東趣」不只好玩，同時也富有教育學習意涵，行程規劃強調「親子共學」的理念，不僅將「書包換背包」，更鼓勵親身「用腳學地理」，從「做中學」（learning by doing）升級為「從遊戲中學」（learning by playing），讓大自然的美好體驗，超越書本的力量，觸發生命的感動。

遊學的學生可以追逐浪花蟹、尋跡斯卡羅、手做可可擂茶、單車騎乘景觀橋、走讀文化館舍，或在石板屋聽石頭的故事、學習獵人設陷阱、DIY 果釀等活動，以不同視角閱讀屏東。

有「咖啡村」之稱的三地門鄉德文部落，社區發展協會推出「德文森態啡藏幸福」，總幹事包金茂說，遊程結合排灣族本位課程，讓學生學習製咖啡、烘芋頭、編花環等，走入山林體驗部落生活。

COVID-19 疫情衝擊觀光產業，雖然疫情難以預估，但危機就是轉機，屏東超前布局後疫情時期的旅遊市場，與旅遊體驗預訂平台 KLOOK 簽訂合作意向書，推動屏東觀光產業的數位轉型，開創新的銷售通路，只要解禁，國內外遊客就能立刻來屏東深度旅遊。

數位轉型，接軌旅遊

縣政府推出的路線包括：「台灣之光的咖啡豆和巧克力個人化的美味體驗」、「陸海空私房景點的 3D 創新玩法」、「文青網紅展現吸睛度的在地文創體驗」，以及「屏東在地街邊小吃五星級展現的隱藏美食」等四大方向。

KLOOK 台灣資深市場行銷總監林耀民表示，屏東縣是全台六都之外，第一個與 KLOOK 簽訂意向書的縣府，現已上架的屏東遊程超過 50 個，深受國內外遊客歡迎，並逐步將輕航機體驗、文創、部落及生態、夜晚觀星旅遊等遊程上架，搶攻後疫情時期的旅遊潮。🅟

用新的視角
累積新的體驗。

醫藥發酵

「即使失敗的概率是一％，若是失敗的話，對那個人來說就是全部。」——《空中急診英雄》

命懸一線 →

法國電影《小鎮醫生》中，男主角 30 多年來駐守在一處偏僻的小鎮，外科、內科、精神科甚至是產檢，皆由他一手包辦，24 小時待命，只因他是全村唯一的醫生。

日本電影《小孤島大醫生》中，一位原是眾所公認前途無量的優秀醫師，毅然決然從東京前往沒有醫師、缺乏醫療環境的離島——志木那島，在島上土生土長的護理師幫助下，一起協助島上居民對抗疾病。

不論是歐洲的法國或亞洲的日本，皆是醫療資源相對充裕的國家，但偏鄉醫療依舊是需要面對共同課題。

回頭看台灣，偏鄉部落就醫的路程遙遠，資源短缺，有些經驗豐富的醫師會讓輕症病童住院到康復，這種做法讓年輕住院醫師不解，其實答案很簡單，正如《小孤島大醫生》的五島醫師所說，「不要看病，要看人」，這樣的仁心仁術，在現世該如何實踐？

台灣的醫療環境正面臨內、外、婦、兒、急診五大科人力短缺的「五大皆空」狀態，離島或偏鄉的醫療環境更加嚴苛，即使現行醫療制度已規劃擴大公費醫師、空中轉診、遠距醫療等權宜措施，但在第一線的實踐仍存在相當的難度。

屏東不僅有 1 個離島，還有 9 個原鄉，醫療不均的狀況嚴重，推動「醫療平權」雖是漫長難行的路，卻非走不可，一如日本電視劇《空中急診英雄》裡的經典台詞，「即使失敗的概率是 1%，若是失敗的話，對那個人來說就是全部。」 Ⓟ

深夜，身體不舒服該怎麼辦？

急重症醫師在哪裡？

即將臨盆的產婦或亟需處置的病患，

身處分秒必爭的黃金搶救期，

但，最近的醫院卻常在百里之外，

漫長的後送之路，

總有太多難以細數的悲歌。

民間流傳著一句老話：

「窮人沒有生病的權利。」

其實，

住在山區、偏鄉或離島的居民也是，

就連生小孩都得看日子，

以免沒車可坐、無船可搭，

甚或醫院沒看診……。

醫療是基本人權，

卻成為屏東人的夢魘。

權宜的救急措施外，

屏東創造各種主客觀的友善環境，

專業團隊、醫療設備、醫療網路齊備，

留人且留心，

讓守護天使安心照顧大家的健康。

044

免驚，
醫師
來了

●把你的健康
──→交到→我手上○

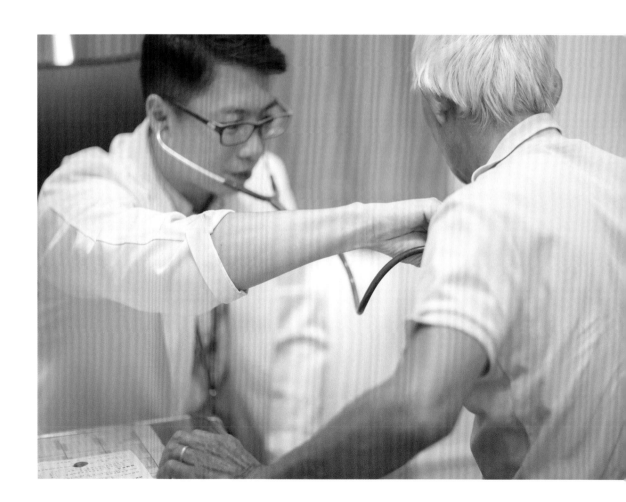

「生病？就去看醫生啊？」一句聽起來稀鬆平常的對話，卻直扎屏東人的心，因為，那是一種有口難言的苦。

屏東縣約 80 萬人，醫療資源嚴重不足，全縣 22 家醫院中，有 6 家區域醫院、13 家地區醫院、3 家精神科醫院，卻連一家醫學中心級的醫院都沒有。

從醫師比來看，全縣不分科醫師數 1,568 人，每萬人口醫師數 1,947 人，低於全國的 3,239 人，每位醫師照護 4,000 人的鄉鎮就有 5 個，照護 3,000 人的有 2 個，照護 2,000 人的則有 11 個，光是醫師人力就已如此吃緊，遑論其他的醫事專業人力。

先天地理的局限加上後天產業的特質，層層交錯影響之下，讓屏東醫療層封為一條深沉且厚重的冰河，宛如歷史的魔咒，掐住屏東人的咽喉。

「能去的醫學中心我全都跑過了，有些還去了好幾趟，」潘孟安回憶。但民營醫院的營運，將規模經濟放首位，不是單靠地方政府努力或一些產業補助措施就可以促成，縣府一面找醫院進駐，一面創造誘因，強化各種醫療的權益措施，先解燃眉之急。

就像進入急診室，第一關得先進行檢傷分類，依病患嚴重程度來決定就診先後順序。屏東優先要處理的問題是醫療人力的短缺，負有醫療平權責任的公立醫院雖然有公費醫師，但，受限法令與規範，薪資偏低、設備老舊、工作沉重……，以致人才不斷流失。

屏東縣政府分別從中央體制或專案方式介入，力轉沉痾，自源頭打破結構性僵局，整合不同的組織系統，分進合擊，展開醫療破冰行動。

縣政府開出的處方箋是爭取與醫學中心策略聯盟，派駐醫師到人力短缺的地區醫院或鄉鎮衛生所。

此外，偏鄉的工作待遇與生活條件欠佳，薪資低於都會區，欠缺進修機會，就連宿舍都不能安心入睡，人心自然浮動。

為了增加醫師駐留地方的意願，屏東縣政府代為請命，向中央爭取改善半島公費醫師的薪資與生活環境，以專案補助，讓偏遠地區醫師的薪資水平比照醫學中心，搭配興建宿舍，改善生活品質，讓派駐的公費醫師有留下的意願，守護民眾健康。🅿

●醫療→平權↓
不是————→夢○

　　恆春半島的醫療荒，始終是屏東醫療平權推動的判別指標。

　　回首屏東醫療黑暗期最慘痛的一頁，就是2005年的海棠風災，強風豪雨沖斷楓港大橋，恆春半島頓時成為孤島，受困的20萬縣民與3,000名觀光客，僅依賴恆春三所地區醫院苦撐，身為車城囝仔的潘孟安直言，屏東人在病痛時，連聽到一句「免驚，醫生來了」都難，那種苦，誰能懂？那種怨，誰可訴？那種怕，誰來慰？

　　屏東縣政府連下多帖藥方，就是要填補恆春半島的醫療缺口。首先，具指標意義的恆春基督教醫院，從老醫院轉型為急重症醫院，當在地人看見8層的醫療大樓一層一層往上蓋，慌亂的心越來越定。

　　恆基新醫療大樓終在2021年12月啟用，為恆春地區醫療體系注入強心針，而恆春旅遊醫院的醫療大樓預計2022年12月完工，兩座先進的醫療大樓為半島的醫療立下全新座標，如同伸出雙手，守護半島的5萬居民及每年數百萬的遊客健康。

　　「過去心臟裝支架，得到高雄動刀，路程太遠，住院時，家裡人根本沒辦法來探視」、「總算不必騎機車大老遠去透析了」，醫院候診的老病患眉頭略鬆的說出心底話。

　　衛生局局長施丞貴說，偏鄉和離島的醫療荒，除了醫療資源與體制等大環境外，醫事人員所考量的，包括居住品質、醫療進修、子女教育等諸多面向，其中的問題交錯難解，必須一個個解開，才能讓不停更換新面孔的醫師流動困境減緩。

　　長久以來，屏東的醫療荒除了人盡皆知的專

科醫師短少，其他醫事人員也很欠缺，護理人員空缺率常常大於 7%，藥師、檢驗師、放射師等專業人員多只能勉強應付，一旦全日急診，需要 24 小時輪值的醫院，經常面臨人力欠缺。

為了留住醫療團隊的心，減少流動率，縣府的策略是補助醫護人員住宿費用，結合衛生福利部偏鄉菁英計畫及教育部展翅計畫，編列公費護理師至恆春三大醫院服務的生活津貼補助，改善偏鄉醫事人員的生活品質。

此外，縣政府推動結合醫學中心資源與枋寮以南的醫院區域聯防機制，導入強力的助攻者，提升當地的急重症照護能力。

為補足偏鄉醫療缺口，衛生局在救護車裝設 12 導程心電圖儀器，成功爭取心肌梗塞到院後搶救時效及復原程度；屏東縣的急救責任醫院與高雄長庚醫院成立即時無線傳輸諮詢（轉診）平台，打破地理、空間限制，有效爭取腦中風治療黃金期，屏東人數十年來的夢魘，終在這幾年慢慢紓解。

85 歲的牡丹鄉民潘清春突然中風，從發作到送至高雄長庚搶救，住院 1 個半月撿回一命，病程已經 5 年多的他爽朗說，「我很怕死，」所以平日很聽女兒的話勤做復健，行動力恢復許多，上午喜歡讀報，或是滑平板吸收新知，中午自己吃麵後小憩，下午再到鄰居家聊天，「健康真的很好。」

始終在身旁照料的女兒潘麗秀，亦是部落的護理師，她說，當時父親走路越走越傾斜，鄰居正好看見，連忙請來對面的衛生所主任，經診斷是腦中風，亟需後送醫學中心緊急開刀，長約 2 小時的後送途中，救護人員在車上透過 12 導程心電圖儀器檢測，及時將檢查結果，透過無線傳輸發送到醫院，院方即刻安排心導管手術，在黃金救護期內搶救成功。

離島的醫療三大拼圖完備

事實上，屏東的醫療缺口，不僅存在於恆春半島，離島小琉球跨海求醫的困窘，更非外人所能理解，只要東北季風吹起，海域浪濤洶湧，常得仰賴直升機後送病患到東港或高雄就醫，更是命懸一線。

離島小琉球是一處 6.8 平方公里的小島，島上僅有衛生所能提供 24 小時醫療，服務廣度如同小醫院，同時還負擔洗腎需求，1 萬 2,100 位居民平均每年急診人次達 1,568 人，近年小琉球成為暴紅旅遊景點，每年觀光旅遊人次超過百萬，醫療資源的需求更加緊迫。

尤其是無法處理的急重症，只能仰賴救護船後送本島，是全台唯一擁有救護船的鄉鎮，對小琉球人而言，「救護船就是救命船」，但舊

無路，可走

行動藥師送藥到家。

船「和安號」服役 22 年後，設備老舊，航速不快，馬達零件故障頻繁，還常以公船接力任務，因此一到夜間，後送更是難上加難……。

縣長潘孟安堅持不分都市、偏鄉或離島，縣民都需得到最起碼的醫療照顧，力爭中央經費補助，斥資打造一艘可耐 7 級風浪，且可在濃霧及無光線航道航行的全新救護船「慈航輪」。

造價 5,000 萬元的「慈航輪」，全長 23.8 公尺，寬 5.3 公尺，最高船速達 30 節，為國內第一艘採用截流阻與側推進器的船隻，不僅能穩定操控，更擁有全球最優異的德國 MTU 主機及兩部油壓自動升降平台，能克服潮差變化，取代舊有的滑板搭配人力運送病患方式，讓病患安全平穩的上下船。

慈航輪 2018 年 3 月正式啟航，自 2018 年 3 月 2 日至 2021 年 12 月 31 日，緊急醫療後送服務計 1,018 人次；執行返鄉安寧業務 46 趟次，服務共 1,064 人次。

慈航輪救護船的更新只是離島醫療升級的第一步，緊接著，琉球衛生所的洗腎室、擁有 50 床的琉球護理之家陸續完成，完整了離島長照醫療的三大塊拼圖。

至於部落的就醫，更是一座山頭越過一座山頭，道路崎嶇難行，屏弱長者出門難上加難，只能仰賴巡迴醫療上門來解除病痛。

越過山頭，部落巡迴醫療升級

2021 年，落山風吹起，牡丹鄉旭海村的族人心卻是暖的，新建衛生室啟用，縣長潘孟安說，「這是旭海觀音鼻自然保留區劃設 10 週年，送給當地最棒的禮物，」在這形同天涯海角的世外境地，位處進入阿朗壹古道的咽喉位置，遊客日益增多，醫療需求大增。

旭海村衛生室原設在旭海溫泉區內，因建築老舊轉而規劃為溫泉區，衛生單位在原旭海濱海公園裡興建了全新的衛生室，外觀有如朝天而飛的箭頭，代表衛生室與旭海—觀音鼻自然保留區的部落並肩前行，成為旭海的新地標。

衛生室配備行動醫療箱，其中的無線超音波、五官鏡、心電圖與電子聽診器，讓旭海衛生室的醫師可就地進行疾病檢傷分類與輔助診斷病患，將病患資料即時傳輸至高雄榮民總醫院醫療體系中，同步會診高榮醫學中心專科醫師，突破距離限制，打造衛生室即醫院的偏鄉照護功能。

遠距醫療服務平台可克服空間及時間隔閡，衛生局局長施丞貴說，屏東順應醫療行動化趨勢，在原鄉部落推動「醫療在地化」、「照護社區化」及「救護即時化」，透過遠距方式體

現醫學中心級醫療服務，讓村民可以就近使用醫療設備，進行遠距會診及遠距處置。

　　牡丹鄉旭海村衛生室只是眾多老舊衛生室改建之一，崁頂鄉、麟洛鄉、高樹鄉、屏東市及萬巒鄉衛生所暨高齡服務中心、潮州鎮衛生所均已完工，另有九如、長治、瑪家、竹田、萬丹、枋寮、牡丹、新園、枋山、春日等地的衛生所（室）完成修繕，如同點點繁星，守護著各鄉鎮居民的健康。Ⓟ

如同
點點繁星
守護居民健康。

●行動藥師↓
送藥──→到家○

屏東地形狹長，加上醫療院所普及率不高，偏鄉民眾要看病不是得轉乘好幾次公車，就是花大錢包計程車就醫，慢性處方箋患者第一次領藥還可趁看醫之便領取，但第二次、第三次領藥的大費周章，讓許多患者深感困擾與不便，於是有些患者自行減藥，把 1 個月的藥量分 2、3 個月來吃，甚至自己到坊間購買來路不明的藥品替代。

衛福部次長薛瑞元說，由於慢性處方箋可在符合規定的任何藥局領取，加上 2014 年立法院通過《藥師法》修正案，藥師執業不再局限一處，時任屏東縣衛生局局長的他靈機一動，萌生讓藥師走出去，就近服務當地行動不便患者的念頭，成為國內首推行動藥師的縣市。

縣政府與屏東縣藥師公會、藥劑生公會合作試辦「行動藥師」，化被動為主動，鎖定行動不便或獨居且領有慢性處方箋的民眾，提供送藥到家的服務，藉由送藥服務，就近觀察病人的生活環境與飲食習慣，從中探查發病原因並提供藥物諮詢服務，進而給予具體醫囑，與合乎實際狀況的居家療養建議，補足老人家、行動不便者及偏鄉的醫療缺口。

早上 8 點多，萬丹藥局的藥師郭宗央一早開門後直奔配藥區，包妥慢性處方箋藥袋後又迅速關上門，騎著摩托車前往行動不便的長者住家送藥。來到病患家中除了送藥與確認是否按時吃藥外，郭宗央身負另一個重任，就是幫忙長者解決各種用藥上的疑難雜症，以及當一個聊天解悶的貼心暖男。

他說，自從加入屏東縣政府的行動藥師，儘管每個月總得在烈日下出門送藥幾回，還得花費時間與長者溝通用藥觀念，僅有微薄百來元的車馬費，不過能與社區深度互動，讓他樂在其中。

衛生局局長施丞貴說，屏東縣 65 歲以上的長者比率高達 15%，很多長者都會聽信地下電台或廟口的藥品兜售，購買來路不明的藥品，再加上本身服用的慢性用藥，很容易造成多重用藥的傷害，嚴重者甚至需要長期洗腎，但這些長者的用藥觀念很難被勸說改變，自行動藥師上路後，長輩對於醫師和藥師的建議遵守度很高，所以擴大辦理。

加強長者用藥宣導

屏東縣列冊的獨居老人共有 4,000 多位，光靠衛生局的人力與資源不夠，因此，縣政府垂直整合衛生局和社會處的資源，進一步把藥師送進關懷據點，每兩個月最少安排一場用藥宣導，現場還提供諮詢服務，鼓勵長者把家中用藥全部拿來讓藥師看，給予最佳的用藥分配建議，更以日月符號提醒不識字的長者分辨早晚用藥，發揮 1 加 1 大於 2 的加乘效果。

縣長潘孟安力挺支持這項做法，他說，對都會區的民眾而言，走沒幾步就能看見藥局和醫療院所，很難想像去拿個藥得花上大半天的苦，行動藥師及藥師駐點確實對長者健康有很大幫助，即使推動這項政策對財政造成極大壓力，但，「對的事就得做下去。」

他以自身經驗說道，過去父親長期臥病在床，家人外出工作時，只能靠外籍看護照顧，但始終不放心讓看護持處方箋去醫院領藥，若藥師能主動送藥，可讓家屬更加安心，長者有用藥的疑問也能即刻獲得解決，主動為縣內長者的健康把關。

繼「行動藥師」後，屏東縣政府衛生局再次推出行動服務，現正試辦「營養師到你家」、「行動購物車」等方案，要把健康宅配到家。

屏東全縣營養師不到兩百位，而且集中在醫院、藥局、大型團膳，事實上，營養師對預防醫療的助益甚大，許多慢性疾病起因於飲食攝取不當，或存在偏差觀念，包括糖尿病不碰糖、腎臟病不沾鹽……，種種一知半解的知識，反而影響病情進展，若能在源頭有效控制，即可助攻健康。

衛生局營養師鍾宜君說，除了陪同民眾到超市選擇食材，甚至還會深入廚房陪同煮餐，針對不同地區的飲食習慣提供適當的建議，讓正確的飲食習慣從個人擴及家庭甚至社區。現更積極推動行動營養師，展開人力培訓，一旦正式上路，即可偕同鄉鎮與偏鄉醫療團隊主動出擊，展開全新的營養革命。

整合性社區健康照護網絡

一個人的老後，常被認為是寂寞又悲傷的事，孤獨像是「隱形流行病」，在退休、死別、分

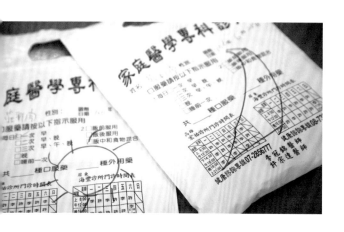

成為你我
健康的
守護天使。

離等不同人生時刻，影響各個年齡層的人。英國政府就因為孤寂人口增加，特地設立「孤獨事務大臣」來處理人民的孤獨問題。

在瑪家，山腳下一間租來的小平房裡，vuvu（排灣族語爺爺或奶奶）賣力的抬手舉腳，最後索性下了腰，連續三次觸地，小試身手證明自己真的有乖乖的做運動，軟 Q 身手引來四周的哇哇聲，瑪家鄉衛生所主任江麗香連忙提醒vuvu 不要勉強。

幾坪大的空間裡，大夥圍著坐在床上的vuvu，熱烈聊著吃飯、購物、健康等日常生活，時不時還有檳榔、保力達等字眼出現，從窗戶傳出去的談笑聲，讓不知情的街坊鄰居以為是親友聚會，沒想到，這是由衛生所主任醫師、營養師、地段護理師和樞紐計畫經理負責窗口所組成的行動醫療隊，探視有慢性病史的vuvu。

地段護理師王莉嵐先替 vuvu 量血壓、測體溫，再由醫師江麗香問診，「我看看妳的腳還有沒有腫？」、「妳的痠痛藥怎麼還剩那麼多？」、「有沒有偷吃不該吃的？」……。

「我都是喝白白的牛奶，黑黑的保力達偶爾喝一口而已，」vuvu 回答，江麗香立刻接招，「妳的一口是一口氣喝光吼？」同為排灣族人，她很懂 vuvu 的明白，以國台語穿插族語一來一

回的過招，以老人家能接受的方式，提醒 vuvu 不可過量，調整她的生活習慣。

看診告一段落，營養師阿香姊適時接棒，「布丁底層黑黑的妳有吃嗎？」先前曾陪 vuvu 選購食材，早已摸清嗜甜 vuvu 的心頭好，布丁、紅茶是必敗品，vuvu 一副認真的口氣說，「我只吃黃黃的，沒吃黑黑的」，隨即叨念著青菜不好吃，還是肉比較有滋味……。

牙口不好的 vuvu，一度因為咬不動肉而只吃青菜，蛋白質攝取不足，導致體重快速下滑，阿香姊察覺後，提醒替 vuvu 煮食的居家照服員將肉燉爛一點，或是教導自助餐的菜色該怎麼選，如今打電話訂便當，老闆都知道如何幫她配菜。

事實上，vuvu 在 4 年多前，自膝關節開刀後開始就診，2 年多前，腎功能、血糖值的指標都已破表，甚至因為五十肩手抬不起來，雙腳水腫，眉頭深鎖，連說話的力氣都沒有，打算在家自行施打胰島素。

病人不需再忍耐

「我就是忍耐、忍耐，再忍耐，真的不行了才會打電話，我不喜歡麻煩別人，」vuvu 道出無數被病痛折磨的老弱患者心底話，為了怕給家人或醫護人員帶來麻煩，習慣性忍耐到撐不

下去才求助。

當時江麗香到宅做居家醫療發現，獨居 vuvu 需麻煩女兒施打針劑，內心排斥這種治療方式，於是她跟 vuvu 討論改採口服新藥，前提是必須大量飲水，避免泌尿道發炎的副作用，看似簡單的醫囑，對舉步維艱的 vuvu 卻是一大考驗。

江麗香深知，治療無法單靠藥物，飲食、作息、照護都需要齊頭並進，才能扭轉病程發展，於是她整合資源，提供完整照護，醫師與護理師上門看診、調劑、送藥；居服員打理餐食、沐浴，調整居家行走空間，確保 vuvu 取水動線的安全。

最後，衛生局媒合新起跑的樞紐計畫行動購物車，固定開到家門口，方便 vuvu 挑選日常物資，新成軍的行動營養師也加入，教導 vuvu 食物的挑選方法及攝取份量。

「明天購物車就要來了，我這樣買可以嗎？」邊說邊拿起預購單跟營養師商量，阿香姊做了適度建議，「不能剝奪病人選擇食物的權利」，讓 vuvu 滿足口腹又兼具健康。

挑嘴的 vuvu 對健康飲食嘟嚷著「很難吃」，心裡雖不愛，為了避免施打胰島素，還是乖乖的調整飲食習慣，力行少鹽少糖，她說，「吃久就習慣了，現在反而覺得便當好鹹喔。」

這樣的統合照護模式，像把小型診所搬到 vuvu 家，外加行動營養師，串聯居家照服員，將照護範圍從床鋪延伸到廚房、客廳與門口，徹底翻轉了她的生活，「他們了解我的痛苦和需要，幫我解決不同的問題，現在我好很多了捏。」

原本瀕臨臥床的慢性病獨居長者，短短 2 個月，身體逆轉勝，生活由黑白變成彩色，看到 vuvu 會說會笑還會動，讓行動醫療團隊難以置信，彷彿注入一劑強心針。

推動多贏的整合醫療

長期在第一線的江麗香說，衛生所是部落的醫療中心，地段護理師如同土地婆，對病患狀況瞭如指掌，這次衛生所整合公共衛生、醫療保健、居家服務，為病人提供客製且人性的照顧，病人因為得到關心，有了配合的動力，建立多贏的整合醫療新模式。

衛生局局長施丞貴表示，「整合性社區健康照護網絡」是該局現今的工作重點，整合長照居家服務、居家醫療、行動藥師後，又增加行動營養師的創新服務模式，現正試行並做滾動式修正，朝向單一窗口的目標邁進。🅿

看到 vuvu
會說會笑還會動，
讓行動醫療團隊
難以置信，
彷彿注入一劑強心針。

●醫療↓
→破冰━━━━→而出○

每一次破冰，就是一個出口，一個連接一個，讓改變成為可能。

經歷漫長的折衝與磨合，無法計數的拜訪與協商，屏東北、中、南的醫療架構逐漸成形。

屏東市區設置第一座醫學中心——高雄榮總屏東分院、屏東中區的竹田鄉設置健康產業園區、屏南的恆春基督教醫院新大樓扮演急重症醫院，相互支援，分進合擊，在全縣的北、中、南區各立下一支主梁。

除了高榮與義大醫療集團南延屏東，這幾年，屏東整體醫療量能大暴發：屏東醫院高齡醫學大樓落成、恆春旅遊醫院醫療大樓全面改建、高屏醫界策略聯盟投入社區醫療、基層衛生所改建、專業行動醫療列車主動挺進偏鄉、琉球醫療船完工出航……，各種努力開花結果。

為爭取醫學中心設立，縣府在民營醫院碰壁後，最後找上中央，昔任行政院院長的賴清德拍板，高雄榮總分院落腳屏東市，屏東終於有了第一家醫學中心，這劑強心針讓屏東醫療觸底回升，總算替屏東醫療打通一條主動脈。

第一家醫學中心，打通屏東醫療主動脈

屏東市建國路是通往高屏大橋的要道，通勤上班的民眾，看到大武營區的屏東榮總醫院醫療大樓從無到有，逐漸成形，這一回，首座醫學中心級醫院真的落腳屏東，將於 2022 年 11 月正式啟用，未來急重症病患不必再跨區後送到外縣市的醫學中心，為屏東醫療史開啟全新一頁。

為鼓勵醫學中心進駐屏東，縣府整合重劃區內各項規劃設計，軍方釋出大武營區土地，以高榮為中心進行區域更新再造，整個地區有公

園、巷道，全區開發完成後，可提供 7.9 公頃住宅用地。

一位持有重大傷病卡的邱姓病友，罹患了免疫系統疾病，因礙於部分用藥只有醫學中心級的醫院才能開立，每月固定往返高雄求診，過程得花上半天到一天時間，親人無法經常性請假陪診，始終一個人往返就醫，往往在回程時感到體力不支，看到高榮成形，終於鬆了一口氣說，「等醫學中心啟用後，以後看病就會輕鬆多了。」

但醫學中心只是龍頭，無法關照全部健康所需，為降低跨區醫療問題，需挹注更多養分與空間。屏東縣政府針對高齡社會所推動的屏東縣健康產業園區，就是另一帖解方。據統計，屏東縣民跨區到高雄義大醫院就醫的人數眾多，約有 18% 就診民眾來自屏東，相關數據給醫療

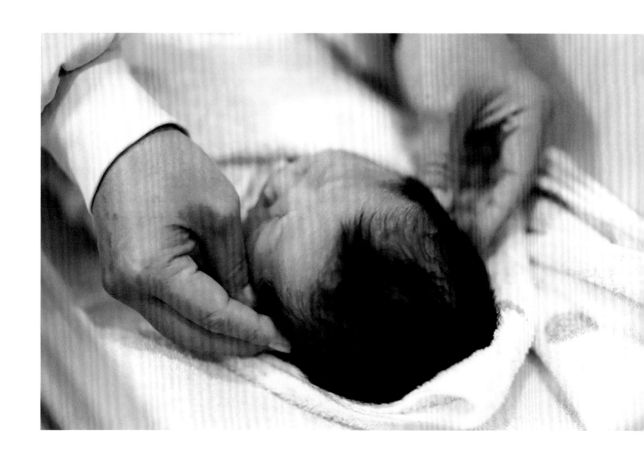

做為背後的支持力量。

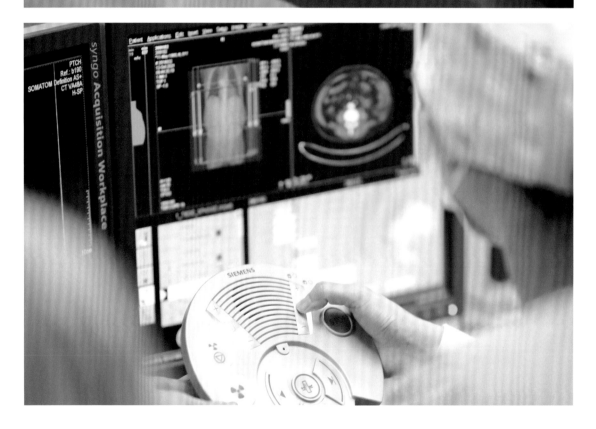

機構信心，願到屏東設點。

2021 年底，「屏東縣健康產業園區」在竹田鄉的屏東縣立運動公園舉行動土奠基典禮，屏東義大醫院將以產業園區為基地，總開發面積達 23 公頃。

因該地點緊鄰國道 3 號麟洛交流道及台 1 線等主要交通幹線，「屏東縣健康產業園區」將醫療目標鎖定急重難症醫療、婦幼醫療及尖端醫療為重點，規劃急救創傷、心血管、神經醫學、消化醫學及高齡醫學等五大軸心。

義大醫療決策委員會主任委員杜元坤表示，義大屏東醫院定位為區域醫院型教學醫院。第一階段總投資金額約 92.8 億元，包含急性醫療的醫院、住宿型長照機構及產後護理之家、員工宿舍等綜合性醫療園區，預計可在 2025 年中營運。

至於第二階段開發期程，將視整體市場狀況及投資環境再提出興建計畫，目前規劃項目主要包含養生、智慧長照、預防醫學等。而產業二用地則是由義茂公司主導開發，規劃有旅館、餐廳、遊樂場、電影院、購物等多項核定項目，宛如義大世界的精緻版，開發期程將配合醫療園區開發進度而定。

屏東邁入高齡社會，隨著人口高齡化，連帶失智人口增多，屏東目前有 1 萬 7,000 多人患有失智症，縣府除了普設社區關懷據點，提供失智手鍊服務長輩外，並委託醫療院所成立失智共同照護中心。

醫療大聯盟，照護產業鏈

據中央版的失智照顧計畫規定，一縣只能有一個共照中心，但這無法滿足屏東需求，因此縣政府整合資源，啟動失智共同照護中心，與民眾醫院、南門醫院、恆春基督教醫院等合作，截至 2022 年，全縣共計 5 家失智共照中心及 36 處失智社區服務據點，提供民眾完善的失智長照 2.0 服務，透過專業照護人員的諮詢、服務，延緩長輩失智、失能等狀況。

縣政府另在屏東市海豐圳東側興建多層級樂活照顧服務園區，打造成全台首座失智照顧教學示範園區，園區內設置小規模多機能服務、失智團體家屋及住宿式機構，並建置屏東縣長照人員培訓中心，提供研究、教育、社區共融服務等設施，預計 2023 年完工。

此外，屏北與屏南分別在里港鄉信國社區及車城鄉保力社區，規劃新建共計 350 床的綜合住宿式長照機構，擬委託民間機構經營，提供連續性失能失智住宿式照顧服務，做為病友與家屬背後的支持力量。🅟

族群

③

在台灣的屏東，各個族群能夠和睦相處，仍保有文化的自主性，在全球化的時代裡，或許正是上天祝福之地。

有愛的地方 ——→ 就是家

斯卡羅？怎麼完全沒聽過這名詞？2021 年公視史詩劇《斯卡羅》登場，重新喚醒這塊土地的百年故事，許多人因劇情才得知這段被遺忘的歷史。

《斯卡羅》是改編自小說《傀儡花》的電視劇，無數粉絲跟著劇情走入台灣的閩、客、原等族群內部矛盾，以及捲入隸屬國與外國之間的權力衝突、文化差異。

說到底，電視劇只是解讀歷史的一個切面而已，未必完全符合史實，更多的歷史是未被記錄，甚或，歷史終究是屬於強權者的書寫。

回顧當下的台灣，至今官方認定的原住民族共有幾族？或許有些人不知道，早已從最初的 9 族擴及 16 族，但，16 族是否足以代表台灣土地上的所有原住民族？答案不言而喻。

不同的性別、世代、種族、國籍……，在不同的時空背景下，各有觀點或稱謂，「原住民」終究只是空泛的名詞，退回時間長河來看，每個人其實都一樣，只不過是踏上這片土地的先來與後到。

在全球化時代，倡導跨文化溝通能力必要性的班奈特（Milton J. Bennett）提出「跨文化敏銳度發展模式」，被大量運用在跨文化訓練課程及評估溝通能力上，這個模式共分為 6 個階段，包括否認、防禦、差異最小化、接納、調適及融合。

你是哪裡人？我是誰？我跟我以外的人有何相同？又有什麼差異？無數人窮盡一生探索其答案，在班奈特解釋下，「文化差異的整合是一種狀態，在這種狀態下，被擴展到能讓不同的世界觀自由進出，人們能體驗到自己是多元文化的，並為他們的行為選擇最合適的文化背景。」

人們從差異中認識自己，從而產生認同，但在認識差異與自己的過程裡，也區隔了主體之外的他者，正是因為不同的歷史軌跡帶來種種差異，造就了台灣文化的特殊性。

在台灣的屏東，各個族群能夠和睦相處，仍保有文化的自主性，在全球化的時代裡，或許正是上天祝福之地，此時生長於此地，唯有心存感恩而已。🅟

「When we stand together as one
We are the world
We are the children
We are the ones
who make a brighter day」
這首經典旋律又會開始傳唱。
當世上有了重大災難，

到底，哪裡是家？
鋼筋水泥蓋的房子？
費心裝修的空間？
關上門窗，走出房舍，
家，就是有愛的地方。

家人又該如何定義？
家系圖的一員？
DNA比對的九九‧九九％？
蓋上族譜，跳脫血緣，
家人，就是時時刻刻關心你、照顧你的人。

台灣是我們的家，屏東是咱兜，
只要心留在這片土地上，
我們就是一家人。

我們，都是一家人

「從前的時候是一家人，
現在還是一家人……」

在原鄉部落，在某些重要時刻，
這首歌就會琅琅上口。

●文化是→生活的↓ ────→真實體現○

「本土不土，民俗不俗」，回歸本土文化已是時下的主流價值。

回溯台灣數百年來，歷經不同政權的治理，統治者為達成有效管制，強制施行其所慣用的文化、語言或宗教，並禁止原本當地固有的生活型態，例如台灣居民的母語，包括台語、客家話、原住民語言等，皆曾被禁止在公共場所使用，長期下來，台灣本土的文化價值受到某種程度的壓抑。

1980 年代之後，台灣經濟起飛，人民自覺意識崛起，教育體制趨於開放，鼓勵本土母語的教學，隨著環境的開放，台灣人逐漸意識到保存自有文化的重要性，本土化運動就此展開，深度探索這片土地上的語言、文化、族群、自然及環境。

文化是生活的真實展現，本土化運動在於打破過去普遍強調的漢文化主體思維，越來越多人開始回歸「台灣價值」，強調台灣文化的多元性，鼓勵台灣民眾重新思考自己來自何方？又要去向何處？

其中，原住民族是已知最早居住於台灣的族群，諸多考證顯示，台灣原住民族屬於南島語系，是南島語族分布的最北端，據估計，原住民已在台灣活動約有 8,000 年。

國境之南的屏東，在占地 2,776 平方公里的土地裡，水域是天然屏障，山頭更是自然的疆界，大自然的阻隔造就了一方風土一方情。

溯源到 300 年前，開始有大量閩南人、客家人自中國等地移入，台灣文化受到漢文化深度影響，但自漢人移台，原住民生活開始受到威脅，後與漢族的衝突不斷，日治時期亦發生多次原住民與日本人的流血對抗，原住民被迫由

西岸遷向東岸，從平地移往高山。

數百年來，牡丹社事件、羅妹號事件、閩客
的搶水械鬥等歷史事件，屢屢產生衝突、對立，
過程也促成不同的文化碰撞與融合。

中央研究院前院長李遠哲曾說：「文化是植
根在地方的，脫離社會、生活的文化，將漂浮
在虛幻的空中。」

屏東雖被粗略區分為閩、客、原、新住民等
四大族群，但這樣的分類是主觀認定，並不精
準，若從原住民族的視角來看，至少在日治時
代以前，各族之間的語言不同，多以「家族」、
「社」、「部落」為最大範圍的自我類屬，而
不是當前的泛原住民族的集體認同。

經過半世紀的融合，各個族群的差異性在屏
東受到尊重，得以依照各自的出生地、成長地
或長期居住地，以及自身的主觀願望，保有自
己的傳統價值與生活習慣。

一如牡丹鄉鄉長潘壯志所說，現在根本不必
分什麼漢人或原住民，這麼多年下來，這片土
地上的人們幾乎早已混為一體，嚴格說起來，
大眾口中的「純正」血液少之又少，彼此身上
流著大致一樣的血液。

只要心留在這片土地上，我們就是一家人。🅟

只要心
留在這片土地上，
我們
就是一家人。

連─接→過去的
────→未來○

母語是本土文化的活化石，文化是由語言帶頭，藉由代代傳遞的語言，傳承了族群的文化和習俗，一旦語言消失，宛如剪斷個人與族群文化的臍帶。

台灣住民的母語，包含閩南語、客家語、原住民語等。近年，語言政策逐漸鬆綁，屏東積極回應母語教學的推動，透過沉浸式教學、編纂族語教材等方式，讓過去得以連接未來。

屏東首開全國先例，編撰了各族群的本位教科書，以「易懂、適性、樂學」為主軸，希望透過文化根基鏈結學科知識，編出與學生生活經驗緊密結合的課程。8年來，屏東縣政府建構了排灣族語、魯凱族語等不同族群的母語教材。

最初，是由原住民族起頭，屏東縣原住民族課程發展中心自2014年開始運作，一切都是從孩子熟悉的生活經驗為起點。

原住民立委伍麗華是最初帶領編輯群的靈魂人物之一，她說，這套原住民主體性為本位的教材，不僅在國內是創舉，在國際間也相當罕見，這批教材經過不斷試教、修正、審查，在各方專家層層把關下出爐。

族語本位教材，過去連接未來

伍麗華直指，「如果偏鄉和台北使用同樣的教科書，卻想像應具備同樣的學習成效很不合理；如果用歐美觀點、台北觀點，偏鄉就會成為邊陲，唯有把偏鄉、原住民的主體性發揮出來，將孩子熟悉的人事時地物帶進課本，孩子容易懂，就樂意學。」

「在雲豹的故鄉翻轉教育，課文不再有小明、小美，而是多了雲豹、黑熊、山豬、祖靈、神話和百合花，用部落情境加上趣味插畫，在美學中學習知識，我們要讓部落孩子從小好好認

識自己的根，」看到歷時 5 年完成排灣族本位教科書時，力推本位教材編纂的潘孟安有感而發，就連總統蔡英文亦曾在臉書影片中感到驚訝，表示要留下來仔細閱讀。

尋根的路只要開始，就無法停止。2019 年屏東縣開始編撰魯凱族語本位課程，2022 年完成 1 到 6 年級的國、英、數與自然四科教科書。霧台國小學生涂翔瑞說，學到更多族語、更多國字，課本也變得有趣。

除了自行研發族語教材之外，縣府團隊在原鄉及都會區普設多處族語推動辦公室，共有 13 名人員與部落共同復振及傳承族語文化；更招募了 96 位族語保母，成為全國最多族語保母人數的縣市，讓族語回到日常生活中，向下扎根發芽，自然而然學會自己的語言，與母體文化緊緊相連。

族語傳承是族群文化存續的關鍵，但興趣才是最好的老師，縣府努力建構系統性的知識架構，

追根，溯源。

讓各族群的孩子從活潑又有趣的教材中，吸收學科知識，深化文化素養，才能在任何環境下不卑不亢，創造自己的價值與光榮。

在屏東，客家族群的人口數占了近 1/4，縣府多年來推動客語復振，尤其是客庄的國小、幼稚園，長期透過沉浸式教學，鼓勵師生以客語互動，更把家庭拉進來，讓孩子上學或回家都能經常使用客語交談。

客家事務處處長陳麗萍說，客語教材是以客庄的聚落文化為元素，先後拿下教育部本土語言傑出貢獻獎，以及客家委員會推動客語為通行語成效評核佳等，但最重要的是，越來越多「後生」可以開口說客語。

為讓客語走入生活，屏東縣首創「客庄帶路人」，推動屏東客庄文化觀光解說員認證，最高齡者 76 歲，甚至有博士加入，由最熟悉自己家園與文化的「客家通」，為遊客解說六堆的日月星辰，更能貼近在地的觀點與視野。

正名是另一種歷史正義

屏東縣政府一方面找回母語，更勇於面對歷史，積極協助馬卡道正（復）名。首部曲是開

辦平埔族申請「熟」注記，跨出屏縣馬卡道平埔族原住民正名運動第一步，縣長潘孟安也成為首位辦理注記，藉由實際行動，大聲說出自己是馬卡道族後裔的第一人。

他更簽署了全國縣市政府第一份原住民族語公文，以具體行動鼓勵族人恢復傳統姓名。

潘孟安說，「熟」注記隸屬日治時期種族欄歷史注記事實的延續，由民眾依照個人意願，主動提出申請，但不涉及原住民的身分認定，相關注記可做為屏縣續推正名運動的依據。

此外，為讓原住民可以追根溯源，找回部落的家族史、地方史，縣府積極進行日治時期原住民鄉的日文戶籍資料譯寫數位化。

民政處處長徐富癸說，屏東的戶役政資訊系統建立「日文姓名與漢字姓名對照字庫」，串聯日治時期日文戶籍資料影像，現已完成建置並上線，民眾可於全國任一戶政事務所，以中文姓名查詢請領屏東縣原住民族日治時期日文登載的戶籍謄本，將有助屏東縣的原住民族尋根，追溯自身的歷史淵源。🅿

●讓→他鄉↓
──────→變故鄉○

2021 年年底公投前夕，來自越南、泰國、柬埔寨、緬甸、印尼、日本等入住屏東的新住民朋友們手舉牌子，高聲喊出「我們都是台灣人」，這群來自四面八方的新住民，以母語發聲，並積極參與公共事務，要與土地上的人們站在一起，一方面享受各種權利，同時分擔國民應盡的義務。

據統計，屏東縣共有 1 萬 9,742 位新住民，新住民二代 1 萬 5,000 多人，外籍移工 1 萬 4,000 多人，這些新住民漂洋過海來到台灣，在新故鄉落地生根之際，同時面臨工作、文化、家庭、教養等壓力。

潘孟安上任後，邀集相關專家學者參與，成立了「新住民事務推動小組」，透過跨局處合作，協助新住民解決各種問題，確保基本權益，另設新住民學習中心，開設語文學習、人文鄉土、家庭教育、法令常識及多元培力等課程，讓新住民及其家人盡快適應新生活。

從緬甸嫁到屏東 16 年的李本秋，在市場賣螃蟹，國台語超級溜，她回想剛到屏東時，很多人對新住民不友善，甚至會說「18 萬的新娘又來了」，但這麼多年來，縣政府開辦各種新住民課程、新住民市集，從教育到經濟，協助新住民融入這塊土地。

李本秋說，「一旦在地人接受你後，反而對你更好，常會送東西，把你當自己人。」屏東的人情味沒有其他地方可以取代，如今生活狀況與當年已有天壤之別，現在非常喜歡屏東，完全不想搬離這裡。

助新住民落地生根

為讓新住民更加融入屏東，縣政府推動各項政策，總會想到新住民，走進屏東縣政府大廳，牆壁上的多語言解說牌，正是一種友善的表現。

E 化的地球村時代，民眾習慣透過 Google 大神連結官網，屏東縣政府全球資訊網是政策傳達的中樞，先後設置中、英、印、日、越、泰、韓等 7 國語言，就是要服務更多新住民、移工和外國遊客，語言種類之多亦是全國第一。

以疫情來襲為例，病毒不會挑人，不論原住民或新住民都飽受同樣的威脅，危機讓這片土地上的人有「同島一命」的感受。

為了讓新住民、移工或漁工朋友們也了解防疫，防範確診者足跡等高風險區，屏東縣政府製作簡易圖卡讓民眾「一看就懂」，更翻譯成 3 國語言，包含英語、越南語、印尼語，發送重要訊息給轄內移工雇主 701 家、私立就業服務機構 26 家，請雇主、仲介、受雇移工提高警覺，讓外籍朋友直呼：「好貼心！」

無路，可走

族群共存共榮
正是屏東進步的
最大力量。

如今，新住民之子亦面臨文化融合等問題，尤其是母親的母國文化學習亦不能少，為此，縣府舉辦了新住民語教學師資培訓，培訓印、越、泰、菲及馬來西亞等 5 國師資，並協助其取得語文教學支援人員證書，以協助相關母語教學工作。

此外，每年 200 萬人次的東南亞遊客及全台 65 萬移工和 55 萬新住民朋友，都是屏東觀光潛在客層，因此，縣府主動培訓通譯人才，讓語言力成為經濟力，至今已有 8 國語言，計 71 名通譯人員，這些專業人力可以接軌教育、文化、勞政、衛生、警政等各個領域，獲得更多工作機會。

潘孟安強調，無論先來、後到，無論本國、外國，大家都是這塊土地的一份子，唯有共存才能共榮，「我們有義務用最貼心的政策與服務，讓他鄉變故鄉，因為，族群共存共榮正是屏東進步的最大力量。」 Ⓟ

●勝利星村 ↘
→就是————→地球村○

對立的化解從傾聽和對話開始。屏東的多元文化，慢慢融入土地裡，明確的界線越來越淡，包容度越來越高，其中，勝利星村就是微型的多元共存最好實例。

日治時期留下的日式眷舍群裡，各種特色店鋪、工作室、展場、賣店林立，眷村口味的醬鴨、手作的旗袍租賃店、客家自釀的醬油鋪、瑞士的軍用品店、土耳其用品專賣店、閩南的古早童玩零食，包羅萬象，盡現其中。

此外，還有一條獨一無二的原民一條街，宛若從部落搬下山的「屏東原百貨」，是民眾通往原鄉的任意門。

這處專區是由原民業者進駐營運，包括生活創意、選物平台、家具策展、甜點手作、展覽策劃、織品服飾設計、音樂展演、原民童玩及旅遊遊程等領域，與勝利星村創意生活園區共同發展商圈型態，將原鄉人才、產業、特色商品及藝術文化等生活樣貌一一呈現。

就連走在路上，也有學問在其中，「阿嬤的菜櫥仔」公車候車亭位在路旁，櫥櫃外貼上「福」字春聯，上面還擺著蒸籠，櫃子裡面更有特色，不只放著沙拉油桶，還有裝著辣椒的密封罐，連老舊味素罐都一一還原，另外，還模擬中古箱型電視，除了吸睛，更能憶從前，成為勝利星村的特色之一。

一手打造勝利星村的文化處處長吳明榮說，當初勝利星村的招商，廣發英雄帖，力邀各方高手進駐，但有項基本條件是不可或缺的，即與這片土地的連結度，就是要讓勝利星村成為屏東多元文化的縮影。

另一條在勝利星村彼端淡去的線，就是每月固定在孫立人將軍行館周邊舉辦的新住民市在

成為彼此的
一家人。

市集裡最常看到的是笑容，最能聽到的是笑聲，
南腔北調最後都帶了點台灣腔。

主辦的屏東縣好好婦女權益發展協會說，來
自日本、俄國、東南亞、土耳其等世界各國移
居到屏東的新住民，齊聚一堂，透過食物、音
樂、公益、創作等進行交流，就像新住民另一

個娘家。

不論哪一個族群，只要扎根於這座島南，都
會被找回、被看見、被重視、被延續，成為撐
起彼此的一家人。Ⓟ

●屏東→是一

適合人們

做夢、工

→結婚、悠然

固↓

作、戀愛、↙

過活的地方○

章節 II
→①交通
＼②農業
＼③造才

○游，
擺動的
鯨魚尾●

　　事情不會因為選擇忽略而不存在。實在很難想像，屏東工業區設立 50 多年來，沒有廢水污水處理廠，廠商生產的廢污水透過各自管線排放，直到屏東縣政府進行殺蛇溪流域整治，揭開了半世紀的真相。

　　位在屏東市心臟地帶的屏東工業區，直隸中央經濟部工業局管轄，自成一格，沒想到，這座工業區設置不久，相關污水管理法規才上路，就這麼陰錯陽差，屏東工業區始終未建置廢水處理系統，是全台少數沒有設置污水處理的工業區，縣政府察覺後追溯，力促經濟部工業局建置，2022 年，終於在工業區設置半世紀後，污水處理設施才正式完工啟用。

　　或許，這正是還給屏東一個公道的時候。

　　屏東縣政府回溯整體經濟脈絡，逐一解決沉痾，面對人口外移、少子化與高齡化等社會結構轉變，射出三支箭，清查工業區、開發閒置土地、積極招商，但種種積極作為的臨門一腳，解套的樞紐，正是交通。

　　在地方極力爭取下，2019 年高鐵延伸至屏東拍板，就此，環島高快速路網打通台灣一日生活圈，屏東的交通網絡大致底定。高鐵定調後，高捷延伸小港東港線，高屏二地政府擬採捷運紅線一車到底，高雄端地下化、屏東端高架化，減少民眾轉乘、提高便利性。

交通的解套像是破解了環環相扣的九連環，逆轉了政策思維與資源布局，讓屏東得到更合理的評估與對待。

台灣是全球科技供應鏈的重要基地，需要更多腹地來支撐整體發展，因此，2021 年，行政院拍板新訂高鐵屏東車站特定區計畫，面積達 309 公頃，由科技部規劃屏東高鐵科學園區、經濟部擴增科技產業園區，加上縣府力推的運動休閒產業園區，屏東下一個重要建設就此底定。

屏東科學園區將結合在地產業，加上周邊高快速鐵公路網，讓屏東現有優勢產業升級，聚焦精準農業、精準健康、智慧汽車、智慧觀光及智慧綠能等，可望加速南部科技廊帶成長，科技部在 2022 年招商，未來將設實驗學校，國小到高中雙語學校，引納高端人才及科技進駐，至於產業園區則配合農科生技產業，農業加值，提升就業。

高鐵如同推進器，打破停滯的狀態，驅動了人流、物流、商流、金流，像是一道道活水，推動屏東向前，如同台灣鯨魚尾，擺動前行，游向下一個百年。🅟

交通

屏東人不停的整備自己，等待機會，把握機會，進而創造機會，終於，在最後一哩路上，看到彼端的曙光。

①

屏東究竟要 → 駛向何方

「習以為常」讓改變極其困難，但是門外漢的靈光乍現、換位思考，有時反而能夠解決專家百思不得其解的難題，18 世紀人類尋找航海定位的經度技術，就是這樣一個例子。

《尋找地球刻度的人》（ Longitude ）一書中的主角約翰·哈里遜（ John Harrison ），是一位不曾受過教育的無名鐘錶匠，大膽提出了機械式解決法，竟就此尋得答案，不僅留下現今世人熟知的經線儀，更刻下他在這個世界的位置。

屏東人也是台灣人，卻像台灣的離島，到底該如何跳脫窠臼，得到一個被平等對待的機會，在歷史畫下新刻度，是屏東長久努力的目標。

台北到屏東的直線距離約莫 278 公里，「高鐵南延屏東」這條路，既近且遠，近的是，交通時間可以縮短為 2 小時；遠的是，這條路屏東走了 14 年。

為了這一天的到來，屏東人不是坐著枯等，而是在看不見光的路途上，一棒接一棒努力著，不停的整備自己，等待機會，把握機會，進而創造機會，終於，在最後一哩路上，看到彼端的曙光。

2019 年 9 月 10 日，高鐵南延屏東正式拍板，屏東就此刻下台灣交通歷史的刻度，從今而後，透由交通的貫穿，台灣南與北的概念徹底翻轉，成為平行的軸線，台灣頭與尾的刻板印象終於得以打破。

終於，屏東走進了台灣的交通史，有了歷史的定位。🅟

每個人有不同意見。

再長的路，一步接著一步就能走完；
再短的路，不邁開雙腳終究難以抵達。
前方縱有千萬條道路，
唯有一條路不能選擇，
那就是放棄。

位在台灣最南端的屏東，
南北長達一百一十二公里，
全縣有八個山地原鄉和一處平地原鄉，
南北距離、
山海落差，
注定沒有順遂的路可走，
交通，永遠是首要課題。

交通是建設的啟動器，
對內，可擴大產業內需；
向外，能串接國土發展，
直接牽動著地方的競爭力與行動力。

如今，屏東終於重新定位，
槍聲已響，
屏東，GO！

屏東
向前行

台灣是一座島，屏東仿若島中之島，

過去，始終以慢板的速度緩緩前行。

到底，屏東的列車要開向何方？

這樣的疑問始終不曾停過。

縣政列車一站接一站，

軟體、硬體都有；

正向、反向不同；

快板、慢行各異，

再──→遠的路,
都得→先跨出腳下那一步○

我該怎麼讓不曾轉 6 趟車才能到家的人瞭解,回家的路真的很遠。

我該怎麼告訴搭 1 趟捷運就能看展的人,表演者天未亮就得摸黑趕車。

我該怎麼遊說分秒必爭的企業主,屏東其實不遠,下一站就是屏東。

我該怎麼讓重視進修與研討的專業人員理解,屏東不是沙漠地帶。

一提及屏東交通基礎建設的匱乏,縣長潘孟安的情緒立刻湧上,來自島南偏鄉的他,腦海裡塞滿了「交通黑暗史」。家住台灣尾的車城鄉,不論求學、工作,大多時間都耗在候車、搭車、轉車上。

第一段,是遠遠就能聞到柴油味的老公車,

轉乘時,換搭電扇吹不走熱氣的藍皮火車,然後,繼續轉車、轉車再轉車,少年十五二十時,大把青春全耗在交通運輸上。

擔任立委後,他改以另一種型態轉車。週週從台灣頭回台灣尾,從最早期的國內航班到後來的高鐵,抵達高雄只是第一階段而已,隨即還要搭廂型車返回屏東服務處,甚或再南下恆春實勘。

交通路網失衡,大眾運輸短缺

總是頂著星星出門,再由月亮陪著回家,這樣的日子不光是潘孟安,而是北漂族的基本套餐,屏東人耗費在交通的時間,總比其他地區的人多得多。

「為了早上 10 點台北的記者會,我們的民謠阿公、阿嬤清晨 4 點就得起床準備,回到恆春

又是三更半夜，」經常率隊北上演出的恆春思想起民謠促進會總幹事趙振英想到就怕。

什麼是遠？何謂偏鄉？行政院 2010 年核定的「國土空間發展策略計畫」，在南部的產業布局，高雄是商業都市，屏東則被定位為農業縣，屏東縣縣長潘孟安直指，這種「以台北人看天下」的思維，忽略了南部產業應有的格局與布局，對屏東而言，不僅有欠公允，更讓區域發展失去彈性空間。

屏東的交通路網長期失衡，大眾運輸系統不發達，路線與班次太少，交通的可及性過低，公共運輸系統以上下學的學生族為主力，多數屏東人的移動仰賴汽、機車代步。

據 2021 年年底交通部公布國人機車使用狀況調查，全台灣家庭平均擁有 2.3 部機車，其中，屏東縣家庭平均擁有機車 2.5 部，為各縣市最高，充分顯現屏東公共運輸的不足，少了大眾運輸的接駁，全面發展觀光無疑是緣木求魚。

「這條路難走又孤單！」一路從青壯爭取到華髮的潘孟安說，權力與知識的擁有者手握發聲權，從主流價值與成本評估等觀點，逕自決定了屏東的未來，但數字能計算出區域發展的傾斜與失衡，而屏東人的失落與哀愁又該如何度量？只是這些隱形的巨大難題，一如國王的新衣被視而不見。

他認為，若要追求經濟效益，應以國家整體戰略為考量，一旦忽略了人口、社會結構的整體性，反而會促使都市規模、生態發展失衡，有錢的縣市愈有錢，農業縣日益窮困，這樣的發展脈絡明顯失去社會的公平正義，到頭來，中央政府還是得出手相救。

交通斷鏈，進退維谷

潘孟安為國境之南發聲，他主張，唯有透由交通的平權，才能銜接斷鏈，進而融合文化、社會、建設、醫療等多種面向，屏東才有機會打破產業束縛與地理框架，而非始終遺立在台灣之外，屏東應該有一個被平等對待的機會，這才是高鐵南延對屏東的終極意義。

交通是屏東的長痛，對內，屏東縣主要聯外交通就靠著 1 條軌道——台鐵；1 條國道——國 3；1 條快道——台 88 線；而省道部分，屏東的觀光命脈台 1 與台 26 線等 2 條省道，卻常因滿載造成交通節點壅塞，總體而論，鐵公路基礎設施缺乏，並集中在少數鄉鎮，造成屏東多數地區的對外連結度低。

向外，國 1、高鐵等諸多重大交通建設總是止於高雄，本可以四通八達的交通網絡戛然而止，讓屏東縣在台灣的高速公路、軌道系統產生多處路網斷鏈，形成地形、地貌的支離破碎，讓屏東陷入進退維谷。Ｐ

●把斷掉的─屏東，
───→接起來○

運輸網路是串聯國土空間的血管與神經，透過全國軌道和公路系統，可緊密結合國土內部不同規模、大小、內容的發展核心，透過交通帶來產業、經濟的需求量，與城鄉發展、土地使用等布局密不可分。

屏東縣的交通解方就是回歸整體國土規劃，推動「一捷二鐵三快速」等路網進入屏東，分階段將交通斷鏈接起來。

據屏東縣政府評估，對外的路網部分，高鐵延伸至屏東，可完備西部地區的龍骨幹線。鐵路系統需評估，潮州以南鐵路雙軌高架化至台東。公路系統是屏北新闢道路──國道 10 號，延伸至新威大橋；快速道路系統則是屏中快道──高屏東西向第二條快速道路，以及屏南快速道路的闢建。如此一來，可完善全區的高速、快速、鐵路、公路等四大系統骨幹。

主動脈打通後，支脈可隨之推動，包括高雄捷運延伸屏東、台鐵恆春觀光鐵道的設置。在此交通架構下，屏東縣內和聯外的交通路網得以縫合，讓都市之間達到合理的資源分配。

始終，屏東的計畫明確，藍圖清楚，縣政府主動向中央據理力爭，一路突破法令、土地、預算等層層束縛，一段一段的銜起斷鏈，一截一截的縫合缺口，在最短時間內急起直追。

然而，交通建設的評估繁複、預算龐大、工程專業、時間久遠，光是各種前期評估就耗時費力，其中的困難非三言兩語就能道盡。潘孟安堅持，只要有完整架構，由近到遠、從淺入深，循序漸進，就有實踐的可能，一定要為屏東建立可長可久的路。

不過，外界對於「高速鐵路南延屏東計畫」持有不同的主張和看法，一度，交通部鐵道局

任督二脈

計劃先行推動台鐵恆春觀光鐵道，飽受壓力的潘孟安就是鐵了心，排除眾議，堅持力主高鐵南延，絲毫不曾動搖。他說，對屏東人而言，高鐵南延不僅是交通問題，背後代表著社會正義，中央政府必須透過「交通平權」，還給屏東人一個公道。

「我們是屏東人，也是台灣人，一樣繳稅、服兵役，盡國民義務，為何屏東人就得當二等公民？」潘孟安為了屏東四處奔走，大聲疾呼。

據交通部鐵道局 2021 年 12 月提出的「高鐵延伸屏東規劃作業」，交通部將推動「西部高鐵、東部快鐵」，打造環島高快速鐵路網，其中高鐵延伸屏東配合未來快鐵計畫，可讓高鐵連結屏東縣與台灣西部各縣市，並串聯左營至屏東的高鐵與屏東至台東的快鐵，將高雄到台東的旅行時間縮短至 90 分鐘內，促成兩地一日生活圈的區域均衡發展。

高鐵延伸屏東計劃路線自高鐵左營站經高雄市仁武、鳥松、大樹等區，跨越高屏溪進入屏東縣後，於屏東市台糖六塊厝農場設站，全長約 17.5 公里，建設經費約 618.52 億元。

高鐵屏東站是未來高鐵、快鐵、台鐵交會的轉運樞紐，交通部委託屏東縣政府辦理「新訂高鐵屏東特定區都市計畫作業」，經濟部辦理「屏東科技產業園區擴區案」，打造新的屏東門戶。

至於列入前瞻基礎建設的高雄捷運延伸屏東計畫，行政院國發會已通過高雄端從小港至林園的可行性研究報告，高雄捷運延伸屏東的路廊將採「小港東港線」，從捷運紅線小港站往南延伸，經高雄林園區跨越高屏溪至屏東東港大鵬灣。

屏東端路線將採高架化施工，屏東縣政府已委託顧問公司進行可行性研究，預計 2022 年完成期末報告書，送交通部審查。🅟

打通

●陸、海、空↓
→齊發的──→決定性瞬間○

人世間，總會有個決定性的關鍵時刻，對屏東而言，高鐵南延屏東就像是找到藥引的藥方，自此，以高鐵為起點，屏東開始疾行。

不過，屏東可不是坐等高鐵來，而是過去 8 年不停的自我整備，打造連接的交通網絡。

台鐵是屏東人使用率最高的對外交通系統，其重要性不言而喻。在各方齊心協力下，南迴鐵路全線電氣化，潮州至台東段已完工通車，最後一哩路的完成，讓台灣朝向 6 小時鐵路環島的新時代前進。

除了路網外，台鐵局配合高雄鐵路地下化，將 1898 年就設在高雄的機廠及南區供應廠，也一併遷移到屏東潮州。

鐵道文化園區，鐵道迷的夢幻地

台鐵鐵路車輛維修保養廠簡稱潮州機廠，總面積達 51.61 公頃，當中 18.7 公頃是含滯洪池的生態綠地，另外則為主體修車廠、鐵道文物展示區及南區供應廠，工程總經費達 134.82 億元，對屏東人而言，最引頸期盼的是占地 7 公頃的鐵道文化園區。

潘孟安指出，縣府向來支持國家重大建設，台鐵過去拆除的歷史建築、文物、器具等都是觀光資財，潮州機廠不應只具維修功能，建議中央整合土地空間、鐵道歷史等珍貴資源，順勢興建鐵道文化園區，朝向觀光發展，這項概念亦獲得採納且施設中。

據台鐵局的規劃，鐵道文化園區有貨車、五分車、動態車、客車及工程車等 5 種展示區，這座具時代意涵的鐵道文化園區，不光是一座座鋼構的冰冷建築，取而代之的是融入自然、開放維修展示的生態園區，以吸引更多旅人來一趟鐵道之旅。

屏東縣政府亦做好準備，將串聯周邊的「潮好玩幸福村」社福園區，以及全國第一個平地造林的林後四林平地森林園區，搭配優勢交通，串聯成獨具特色的人文生態園區。

陸海空串起北中南

在公路部分，屏北新闢道路、屏中快道、屏南快道等 3 條道路是屏東縣的主動脈。

屏北新闢道路由國道 10 號延伸至新威大橋，是以國道 10 號里港交流道匝道起點，至新威大橋附近接回台 28 線為終點，預定 2026 年完工。屏中快道是藉東西向快速道路，解決高屏生活圈缺乏完整快速公路網的老問題。屏南快道則盼高快速道路延伸至恆春半島，解決屏鵝公路多年來的壅塞問題。

在空域部分，2020 年 9 月，一架菲律賓籍白金航空 Dornier 328 螺旋槳引擎客機試航，降落在恆春機場後順利離境，是該機場首次有國際包機起降，也為 6 年沒有民航機起降的恆春機場活化，開啟全新的一頁。

不少人聽到要搭機到恆春，心臟就像被落山風吹得七上八下，蹦蹦跳個不停，對於活化恆春機場始終持保留態度。

落山風之子潘孟安卻主張，恆春機場具良好的包機條件，多年來，縣府團隊未放棄活化恆春機場，陸續拜訪東北亞及東南亞 40 多間航空公司及旅行社，終於迎來菲律賓籍白金航空首先試航。

行政院同意恆春機場試辦做為入出國機場，縣府亦向交通部提出短中長期計畫，短期結合觀光產業，推動國際商務專機或包機起降。中長期規劃是增長現有跑道，新建側風降落跑道，加強班機全年起降的環境條件，種種規劃案正由交通部民航局評估中。

水域的部分，離島的小琉球近年已成為國內旅遊首選景點之一，東港往返小琉球的載運量年年成長，2019 年全年旅運量達到 296 萬人次，2020 年雖受疫情影響，東琉航線全年運量仍達 287 萬人次，2021 年達 220 萬人次，展現小琉球的超人氣。

在專業評估下，縣府決定藉由興建琉球新漁港，改建原有的大福漁港來分散人流，並肩負起在地漁業、客貨運、觀光發展等重要需求。

縣政府將原有老舊候船室建築改建為遊客中心，這座琉球新漁港遊客中心是以交通船為設計主軸，鋼構支撐則是轉化綠蠵龜紋路來應用，加上海浪優美弧線做為雨遮，結合可眺望海岸線的觀景露台，以全新氣象來歡迎遊客。

2022 年完工後，琉球新漁港遊客中心的購票、諮詢、休憩、候船、商業及基礎服務設施齊全，為每年登島的數百萬人次遊客，提供舒適的候船空間，成為小琉球觀光新地標。

鹽埔漁港原是全國遠洋漁業重要的深水港，潘孟安爭取中央支持，推動「鹽埔漁港客貨運專區建設計畫」，隨著鹽琉線交通航線開通，新園鄉鹽埔漁港將成為全國第一座漁港、貨港及旅運共融的漁港。

縣政府交通旅遊處處長黃國維表示，未來將善用這條水域，串聯鹽埔漁港、東港漁港與華僑市場、大鵬灣，以及小琉球成為藍色廊帶，帶動沿海觀光發展。 🅟

陸、海、空齊發。

●多層級→公車路網，
──→棋盤式運輸動線○

初夏，午後 2 點的屏東市街頭，烏雲滿布，一位站在忠孝與勝利路口的阿嬤，趁著交通號誌轉紅，急著向一位騎著 Pbike 的年輕人詢問，「要回九如該到哪裡搭車？」原來，上午隻身到中醫診所就診的阿嬤錯過常搭的車次，眼看快下雨，想換地點改搭其他車次，卻越走越遠，在城市中迷途的她，只好向路人求助。

正好一位行經此處的自小客車駕駛聽見，索性讓 78 歲阿嬤搭便車，阿嬤說，平時兒女外出工作，她每週固定搭公車到市區復健，這回沒帶傘，又怕下大雨，才會找不到「車牌仔」，待車子抵達自家巷口，阿嬤頻頻向陌生車主致謝，其實不過短短七、八分鐘車程，但對只用雙腿步行的老人家來說，距離有如千里之遙……。

過去，屏東的公車族以學生通學或老人家就醫為主，縣府這幾年力拚公車路網升級，努力打通鄉鎮的交通微血管。

縣政府除強化原有路網，另外規劃了 28 條路線的市區公車、49 條路線的公路客運、19 條路線的小黃公車、35 條路線的幸福巴士，另有神山線、墾丁快線、大鵬灣琉球線等 3 條在屏東的「台灣好行」運輸網，透過五大交通系統相互支持，填補屏東公共運輸系統的缺口。

其中，屏東部分地區巷弄狹窄，行動不便的長者搭乘不易，因而設置「小黃公車」，旨在補足市區公車沒能進入的村里，鼓勵長輩搭乘，每趟票價僅需 10 元銅板價，持社福卡者免費。

推行之初，大家不相信有這麼好康的事，加上長者連走到路口的站牌都有困難，因此搭乘率不高，縣府不斷滾動修正，為車頂燈箱換新裝，讓長輩不必擔心攔錯車，並增加「村里端隨招隨停」服務，只要在行駛路線上招手，「小黃公車」就會停下來服務，便宜又方便，長者開始習慣搭車就醫、訪友、採買。

短短數年，小黃公車已像是長輩的私家車，方便又安心。

家住屏東市郊的郭阿嬤是小黃公車的忠實客戶，女兒郭小姐說，「阿母年紀漸長，沒辦法像年輕時騎二輪凸全市，全靠我們接送，否則只能當『宅嬤』，自從小黃公車推出後，路線可直達常去的醫院，非常方便，尤其小黃公車搭一次 10 元的佛心價，只要持著縣府每月補助 330 元的敬老卡，等同搭車免費，家中姊妹都虧阿母搭『霸王車』。」

她透露，自從母親學會使用電話預約後，每週會預定一次復健行程的接送。有一回，媽媽的手機壞了，又錯過回程車次，到了該回家的時間，家人卻不見母親身影，急著出門沿路找人，同時緊急聯繫「小黃公車」查詢，運將大哥也嚇壞了，跟著加入尋人行列，所幸，最後

交疊出綿密的
交通網，
朝慢活城市
邁進。

是由「小黃公車」的司機在醫院發現阿嬤，順利把人接回家。

郭小姐表示，「真是感謝縣府願意不計成本，讓大眾運輸工具深入村里，是最接地氣、最貼心的服務，真的有感啊！」

好，還要更好。為了讓家屬放心，縣府推出 3.0 版的小黃公車，結合數位科技，司機在上下車前會幫長輩掃一下專屬 QR Code，同步傳給乘客的親友，讓另一頭即時掌握長輩出門情形，這項叫好又叫座的服務，已從屏東市擴及潮州、東港、恆春、滿州等地，照顧更多偏鄉長者。

在部落原鄉，縣府則因地制宜，採用另一套策略，力推 DRTS（需求反應式運輸系統）幸福巴士，一輛由魯凱族藝術家杜寒菘彩繪的「三地門鄉微笑巴士」，馳騁在山城的部落之間，宛如躍身山林的雲豹，再一次，恢復了族人的行動力。

交通不便始終是原鄉的制約，鄉民出門經常得翻山越嶺，穿越蜿蜒山路，造成就醫、就學的不便，縣府協助原鄉購置中型巴士，努力暢通這些交通末端的微血管……。

春日鄉曾是屏東唯一沒有公車行經的鄉鎮，縣政府與鄉公所合作向交通部爭取 DRTS 進駐，2016 年啟用，結合就醫、通學等不同需求的專車，載著族人翻山越嶺。

部落的道路難行，不僅坡度陡、路況窄，但司機技術卻是頂呱呱，為了行動不便的長輩搭乘，硬是開到門口接長者，就醫專車還有族語翻譯隨行，一整車熟識的長輩沿路聊天，說說唱唱，每回乘車就像搭遊覽車出遊，更像是行動式關懷據點。到了醫院，照服員主動替 vuvu 掛號、領藥與醫生對話，一路陪伴就醫，為族人省下不少車資，成為全國 DRTS 使用率最高的路線。

縣政府交旅處處長黃國維表示，DRTS 已開進全縣 8 個山地原鄉，深入公車到不了的角落，且運量年增 3 成，讓微血管分布更加細密。

就這樣，各種載具自市區到市郊，由市郊到偏鄉，點、線、面交疊出綿密的交通網，強化了公共運輸的功能，朝慢活城市邁進。

拔地而起的停車場

為了貫穿這些路網，須有轉運站及停車場，縣府依照地理位置與交通分布，總共規劃了屏東、潮州、水門、東港、枋寮、恆春及墾丁等七大轉運中心，藉以串聯鐵公路系統，提供具有在地特色且令人安全的候車中心。

2021 年 1 月，全國首座原民部落轉運站──

屏東水門轉運站啟用。

　水門在過去是屏東原漢交易、以貨易貨的重要歷史據點，如今則是台 24 線、185 縣道交會處。縣府交旅處以轉運站為交通節點，同步整合縣內公車、高鐵跨域公車及原鄉幸福巴士路線進駐，另促客運業者調整路線串聯周邊觀光景點，新闢 519 路線，銜接潮州、東港、水門三大轉運站，加強區域的交通流通。

　此外，縣府逐年建置候車亭，現已達 152 座，自 2019 年起，更在新設候車亭建置附掛式 LED 顯示牌，即時顯示該站公車路線的行駛時間狀態，同時整合並加強管理公車的集中式站牌，以免遭破壞或占用。

　在停車場部分，因公共運輸系統尚未完備，

民眾習慣開車出門，頻頻發出「停車位越來越難找」的抱怨，尤其近年縣府大力推動大型觀光或文化活動，民眾自四面八方湧入，車位更是一位難求，因此縣府近年積極在各地興建大型停車場，擴大公有停車位的供給量。

　公路總局核定屏東縣 9 座停車場，分別為內埔水門轉運站停車場、屏東市第二路外（信義路）立體停車場、屏東市舊酒廠（民生路）立體停車場、潮州鎮聯合辦公大樓停車場、東港鎮舊榮工之家（中山路）立體停車場、潮州第一立體停車場、恆春鎮公所東側立體停車場、屏東公園立體停車場、屏東菸葉廠立體停車場，以符合屏東發展的速度。

　用自己習慣的步調，探索身邊的山、海、物、景，想停的時候就停下來，和在地人聊天，用

手機拍照，吃吃巷弄美食，喜歡這種生活方式的旅人，不妨試試屏東的自行車路網，踩踏雙輪，就能找回旅遊的自在感。

彩虹自行車道，騎向四面八方

屏東縣政府將多條單車路線建構成「彩虹自行車道系統」，以彩虹的顏色識別，串聯7條特色路線，是兼具低碳、慢活與休閒的「鐵馬旅遊」。

迎著風，
找回旅遊的
自在感。

7 條路線包括紅線——單車國道、橙線——橫貫路線、黃線——海岸藍帶、綠線——沿山綠廊、藍線——水岸藍帶、靛線——單車鐵道、紫線——環（支）島線屏東段。另亦規劃了糖鐵自行車道、大鵬灣琉球線等系統。

長達 465 公里的自行車交通網如同微血管，滲入屏東各個角落，涵括了屏東的自然風景、人文況味及藝術廊道，騎士可以愜意穿梭於小鎮、海岸或沿山祕境之間，體驗多一度的屏東。

熱中自行車運動的縣政府祕書長邱黃肇崇，一到假日就開騎，全縣的自行車交通網早已騎透透，且將行經之處的美景拍下來，分享在臉書：「隘寮溪堤頂的龍貓隧道，尤其是接近國道 3 號下方一段，空氣中瀰漫濃濃的桂花香，騎入花叢間會令人醉」；「高屏溪左岸堤頂單車道可眺望斜張橋」；「高屏溪舊鐵橋下則可欣賞盛開的波斯菊」……，只要美照一 PO 網，總吸引自行車迷朝聖。

他認為，屏東自行車道的特色多樣、選擇性高，騎士可依自己喜好安排，不論是騎 2 個小時、半天、一天甚或是 2、3 天，都容易串聯安排，強烈推薦單車族千萬不可錯過。

此外，屏東在短短數年就建立了屏東公共自行車租賃系統，其中，Pbike 在屏東的據點密布，共設置 40 站，提供 932 輛公共自行車供民眾租借使用，深受學生族與市區通勤族喜愛，尤其是屏東總圖、屏東書院、勝利星村等景點暴紅後，吸引大批外地客前來體驗，Pbike 就成為最好的代步工具。

Pbike 模式成功後，縣府進而向外推廣，2020 年以 Pbike2.0 升級版進駐潮州，透過公共自行車路網連結鐵路、公車等公共運輸及周邊停車場，擴大潮州鎮的活動範圍，補足潮州交通建設的最後一哩路。

智慧交通，屏東好行

看得到的硬體公共建設只是外在表象，如果沒有數位軟體的介入運作，終究只是軀殼而已，過去智慧城市與屏東很難畫上等號，如今的屏東卻已建置了智慧運輸系統。

一到連續假日，屏東最塞的路段就是通往恆春半島的屏鵝公路，縣府總得重兵布局來緩解塞車情況，負責交通管制的屏東縣縣警察局交通隊，展開為期 4 年的智慧運輸走廊改善壅塞計畫，透過智慧化軟體與硬體的建置，即時反應調整交通號誌，讓警力運用更具彈性。

交通隊的智慧化交通號誌控制運作方式，是將水底寮至楓港沿線號誌路口分成 10 個群組，利用設備蒐集該路段的旅行時間及車流量變化，再依車流量與壅塞情形，即時調整群組的號誌

燈秒差來疏解車流。

這套系統是全台唯一由交控中心與現場警力共同合作，全長 70 餘公里共 81 處幹道路口，分別創下全台最長與最多路口控制路段，大幅降低過往連續假期的控燈警力。

另建立調撥車道，啟動告警功能，監控高速公路南下車流量，若車流量超出道路可通行率時，即會發出警訊通知啟動調撥車道功能，藉此輔助人力使用，可更精準的開啟或結束調撥車道的執行，減少塞車情況。

這套智慧運輸系統經過實測結果，比起原先由警力依照經驗判斷方式，可節省約 30 分鐘的前置作業時間，此外，運用在車流疏導與路邊管制，藉由大數據的輔助分析，除提升系統運作的精準和效率，更大幅降低警力成本，讓行經車主的交通時間平均節省約 20 分鐘。

程大維是縣警局交通隊副隊長，在 2019 年台灣燈會於屏東舉辦的活動期間進駐指揮中心，

負責第一關調度，與每日約近 800 人次警力，分進合擊，透過挪移、控制、引導，爭取時間和空間來疏散車流，一次次解開交通僵局。

他以燈會的交控突圍為例，提出屏東交通智慧化幾個觀察重點。首先是硬體設備，程大維說，近年來屏東縣政府極力爭取中央補助款，設置了交控中心並添購攝影設備、車輛偵測器、eTag 偵測器等設備，為屏東的智慧交控扎下底子，但設備可以花錢買，而最重要的是人與觀念的改變。

交控有太多的前置準備及專業在其中，取得成大交管碩士學位的程大維，將專業用在屏東，他說，交控其實是極其複雜的科學化計算、推演，不單是解決眼前的人潮，追求的是整體最低停等時間。

隨著一次次全國性活動在屏東舉辦，累積越來越多的實務經驗，讓屏東的交通不僅趨向便利更長了智慧，也讓屏東真正變得好行。Ⓟ

勝利星村站

屏東好行

農業

想在不變的環境存活下來，適地適種，才是決勝負的關鍵。

農業站在 →風口上

微軟創辦人比爾・蓋茲（Bill Gates）曾說：「未來幾十年的氣溫升高，將導致大型農業災害，特別是在水太少或水太多的地區，農作物的生長都將受到不小影響，而氣候溫暖的地方，也會因蟲害愈來愈嚴重而摧毀農作物。」

世界環境正在改變，糧食安全、氣候變遷、經濟全球化、跨國企業等因素，都會影響農業的走向與發展，未來農民也不再是傳統農民，創新、安全、品管、規模化生產……，都將是農業發展的重要目標。

面對新農業時代的來臨，我們準備好了嗎？

提起農業，台灣常與土地面積接近的荷蘭相較，荷蘭有 1/4 的土地低於海平面，先天良田不多，但靠填海造陸，將科技與創新引入農業生產，追求單位成本極小化、產量極大化，如今可耕面積達 183 萬公頃，荷蘭全國約 17 萬農民，出口價值近 920 億美元的農產品，僅次於美國，寫下小國家大農業傳奇。

台灣，對於農業環境的轉變是否已有所感？

身為台灣數一數二農業大縣的屏東，農業人口數約 38 萬人，幾乎 2 到 3 個人之中，就有 1 個是農民，農林漁牧總產值高達 650 億元，占全國總產值 4,779 億元的 13.6%，位居第二。

但，傳統老農習慣了保價收購、價格補貼，或煙火似的農產展銷，面對農村高齡化、基層勞動力不足、產銷經常性失衡、風災不斷、病蟲害叢生、農產品安全衛生問題等，到底要如何挽回逐漸失去的競爭力？怎樣才能跟上智慧農業的新未來？

想在丕變的環境存活下來，適地適種，才是決勝負的關鍵。屏東從源頭農業人力的專業培訓、農產品認證與檢驗、多元市場的開發、策略行銷的運用……，多管齊下的精實農業，才能讓屏東農產品自產地步入餐桌，邁入新食力年代。Ⓟ

各種農特產品四季登場，從農到漁，

產量居全台之冠，

年產值超過七百億，從食開始，走向世界。

效率、安全、低風險的新農業時代來臨，

友善土地與智慧生產加值了農業，

品質永遠是通往未來的路。

農業大學，是屏東農業學習平台，

培育低、中、高階的農業人才，

為屏東縣農業挹注新血，

也為回家的青年開闢一條新路。

靠天吃飯，福禍難料，

農業保險，有備無患，

生產履歷到農產品檢驗做好做滿，

從產地到餐桌，人人同食共好。

吃，就是一種農業行為，

當人人選擇友善土地的農產品，

不只是為自己的健康做出選擇，

更是為地球的未來做出選擇，

想要改變農業，就從每一餐開始……。

114

流著
奶與蜜
之地 ○

○
↓
↓
↓
←

屏東，擁有天賜的陽光、土壤、淨水，
是上天祝福的「奶與蜜之地」。

●新→農業時代↓
────→來臨○

農業面臨氣候變遷、人口老化、少子化等影響，台灣自 2017 年起正式推動智慧農業計畫，以「智慧生產」與「數位服務」為推動主軸，做為智慧農業優先推動範疇，身為農業大縣的屏東，早早接軌智慧農業，邁向效率、安全、低風險的新農業時代。

屏東縣政府整合各領域專家、資金與技術來協助農民創新轉型，並接軌到各種農產品生產流程，做好準備工作。

AI 農業智慧時代來臨

過去，靠天吃飯的老農，早起睡晚練就一身本領，晨起，看雲、吹風，對於天候的變化了然於胸，比起電腦，更信賴人腦。

如今，對於新手青農而言，光是累積自身的經驗至少得花上 3、5 年，若有 AI 智慧相助，

可以大量蒐集土壤、水分、導電度等相關資訊，建立專屬的大數據資料庫，有助做出各種科學判斷，大幅縮短入門摸索期，不僅行事有效率，更能掌握農水產品品質。

以火龍果為例，全台種植面積超過 3,000 公頃，屏東縣占地逾 1/4，是火龍果最大產地，但，夏季火龍果產量常供過於求，導致價格不穩定。

為了解決產銷問題，屏東縣政府、工業局和清華大學電機資訊學院等團隊合作，推動「應用 AI 協助火龍果冬季產果技術之擴散推廣計畫」，運用大數據來精準種植，包括導入 AI 人工智慧，應用在火龍果的光照管控、疏花授粉、施肥、收成、選果分級等作業。

此外，屏東科技大學智慧農業中心也參與此計畫，負責將種植技術和農場管理經驗，建置成完整 Internet of Thing（IoT）資料庫，並將

資料導入 AI 模組。

團隊建構數位分身技術，將經驗分享給其他農場，讓更多果農無痛轉攻冬季產果，平衡夏、冬季的產果量，同步建立台灣農產品牌價值，這種做法跳脫過去光靠補助協助農民的傳統方式，徹底改進產銷結構。

里港鄉大龍王農場建立了示範場域，是全台最大的智慧農業團隊，除採用清大 AIoT 技術打造精準農業，也納入遙控無人機，在果園內裝設環境微型感測器把關作物及人員動態；以遙控無人機空拍火龍果花朵照片，再透過 AI 計算花朵數量，進行果實產量預測；另運用遙控無人機、衛星空拍與影像分析，節省人力物料成本並掌握火龍果最佳採收期，讓生產作業更加省工。

除了火龍果戰情會議，屏東種香蕉一樣有 AI 智慧戰情室。屏東是台灣香蕉最大產區，種植面積超過 4,000 公頃，占超過 7 成產量和外銷量，近幾年台灣香蕉重返日本市場，外銷數量屢創新高，背後的關鍵原因之一，就是產業質變，整體品質明顯提升。

屏東縣政府協助蕉農進行產銷調節，取得「全球良好農業規範」（GLOBALG.A.P.）認證，加上 AI 智慧大數據相挺，採大農帶小農的模式，朝向「產銷國際化、種植標準化、信任證照化、流程自動化」的方向挺進，訂單亦隨著品質而來，讓屏東香蕉銷日之路越走越順。

縣政府農業處估計，以 AI 人工智慧發展數位分身技術，幫助農民轉型智慧農場，每公頃果園可增加 60 萬元收益，每年預估擴散推廣 500 公頃果園，總計增加 3 億元產值。

追本溯源的履歷制度

信心的建立需要長久累積，但摧毀只消片刻。從產地到餐桌，看似很近，其實很遠，為拉近雙方距離，還得靠滴水穿石的努力，其中，最能直達消費者心裡的做法，就是產銷履歷機制的建立，將生產過程公開透明，讓陽光透進來，就不必擔心食材被動手腳。

農業處處長鄭永裕指出，擁有產銷履歷的農產品有別於傳統農業生產模式，除了得遵照「台灣良好農業規範」（TGAP）的生產過程，包括生產場域、用藥安全、環境永續及包裝場所衛生均有嚴格規定，且每批產品的生產過程，都必須在政府的電子系統中建立追溯資料，並透過第三方的管理驗證，站在公平立場查核農產品經營業者是否符合法規與 TGAP 的要求。

因此，產銷履歷機制是一項對土地、產品及生產者的驗證制度，讓消費者藉由公開可追溯的生產資訊，看見生產者的作為，在購買相關

無路，可走

農產品時自然更安心。

對於加入產銷履歷的農產品經營業者而言，必須經過嚴格把關機制，才能取得標章的使用資格，在被檢視過程中，讓自己的生產作業不斷進步，創造自有品牌及消費端雙贏，並透過檢驗機制成為接軌國際通路的敲門磚。

農漁冷鏈系統加入，提升外銷競爭力

不過，面對極端氣候挑戰，產銷履歷制度不足以應付變局，農漁民更需要的是「冷鏈系統」，從生產、加工、倉儲到物流控溫，才能調節產季和穩定價格，對不易保存的蔬果更有幫助，農漁民就不用煩惱產銷失衡，還能提升國際外銷競爭力。

潘孟安表示，屏東縣為了避免將雞蛋放在同一個籃子風險，近年積極拓展外銷通路，在過程中觀察到，延長水果的保鮮期限，才能經營長途外銷路線的國家，而其中關鍵就在於冷鏈系統。

以屏東特產的愛文芒果為例，屏東目前沒有蒸熱設備，芒果必須運送到台南玉井燻蒸後，再送至小港機場出口，既不合理又容易造成果品損耗，所以，縣政府選擇在屏東交通樞紐的潮州，規劃「屏東縣農業國際化標準加工廠」，導入外銷蒸熱檢疫及冷鏈體系，才能以彈性空

間及設備，符合多元通路的需求，現已獲得行政院的支持。

此外，縣府同步爭取在養殖水產專區的枋寮打造「漁業國際化冷鏈物流加工聚落」，同步建立屏東農、漁產業的冷鏈系統，搭配國道、快速道路等交通建設，讓物產在黃金時間發往全台各地。

檢驗，讓消費者安心

再多的作為，都是為了提供可安心食用的安全食材，上市前的檢驗則是最後一道防線，公正第三方的檢驗數據，最能令消費者安心。

為鼓勵農民送驗作物農藥殘留，2017 年起，屏東縣檢驗中心推出「屏東縣推廣農藥殘留自主管理計畫」，檢驗項目越來越多，補助金額越來越高，且由農業擴展到漁業，作業時間卻越來越短，大約一週就可收到結果。

縣政府檢驗中心引進 40 多種先進儀器設備，總檢驗項目約近 600 項，其中，可檢驗 374 項農藥殘留，提供農民及加工業者檢驗的後盾，加強農產品從源頭生產端進行自我管理，提高屏東農產的安全性。

適用作物包括鳳梨、蓮霧、芒果、火龍果、可可豆、咖啡豆、香蕉等 12 種水果，以及洋蔥、

胡瓜、茄子、苦瓜等 10 種蔬菜，補助對象為設籍屏東縣的農民所生產的農產品，或設籍屏東縣的農民團體所供銷的農產品。

國際認證是前進全球市場的通行證，在縣府協助下，屏東的香蕉和鳳梨早在 2019 年就獲得歐盟 GAP 的高規格認證，提早替台灣拿到東奧食材入場券，為銷往日本各超市暖身。

力推認證標章，縣府為水產品背書

在養殖水產的認證制度上，漁民花費大量時間、經費進行檢測，歷經現地輔導、稽核驗證，每批漁貨貼標出貨前，都需通過兩次共 68 項的藥物及重金屬殘留檢驗，合格才能上市，縣府也挺身為合格的農產品背書。如今，「屏東認證優質水產品標章」，早已成為消費者所信賴的認證標章。

潘孟安指出，屏東優質水產品認證歷程就像愛情長跑，從縣府委託屏科大執行專案計畫，產學界共同組成輔導團隊，而後挨家挨戶拜訪漁戶，與漁民建立共識和信任，向智慧財產局申請註冊標章，再到養殖戶們一個個加入，歷經多年時間才建立起品牌。

據農業處統計，屏東縣過去 8 年來通過認證的水產養殖戶，合計 262 戶，共 11 個養殖品項。

只是，多變氣候讓魚隻病變狀況激增，縣府在第一時間已於枋寮及佳冬成立魚病檢驗站，檢驗站由動防所水產動物獸醫師駐診，並提供水質檢測服務，協助養殖漁民提升魚類養成率，達到產量穩定成長。🅟

●不把雞蛋↓
放在 ─────→ 同一個籃子裡○

　　讓遠道而來的嘉賓，用味蕾認識屏東，是最直接且美好的方式。

　　「2021 捷克在屏東」，屏東縣政府在縣民公園舉辦了一場別開生面的晚宴。在充滿工業風遺產的地坑，端出萬丹的泰國蝦、歸來牛蒡、車城洋蔥及東港烏魚子⋯⋯，讓各國駐台大使、代表及企業，透過味覺親近腳下的土地。

　　美國在台協會（AIT）處長孫曉雅到屏東縣政府拜會，縣長潘孟安準備的點心，亦是泰國蝦、牛蒡肉圓到熱帶水果等，讓一行人品嘗滿滿的屏東味。

　　面對國際農業自由化競爭，加上農業科技的創新、品種的改良，以及栽培技術的更新，想在全球市場占一席之地，必須依據國際市場的需求，篩選具競爭力的農產品。

　　在農產品部分，屏東的香蕉、鳳梨、蓮霧、蜜棗、芒果、木瓜等水果，無論內外銷市場，都居於領先位置，逐步建構了穩定的產品供應鏈。2020 年，光農產品出口量就達 3 萬 6,000 公噸，出口值 19 億元以上。

　　在水產部分，石斑就是重量級代表，台灣原就是石斑王國，而屏東即占總生產量 50% 以上，且高達 80% 是以外銷為主，每年的出口產值約 23 億元。

　　對於屏東縣的農業推動，熟稔國際貿易的潘孟安心中早有定見，上任第一年便猛烈出擊，主攻外銷市場，他結合假日時間，飛遍各國家，從日本、新加坡、韓國、香港等，一路到美加、歐洲、中東都不放過，搶先讓屏東農漁業產品在全球定位。

　　在這場農業革命中，潘孟安帶著小農成群結

隊往外衝，飛到昏天暗地，卻又起早睡晚，穿梭在超商、賣場，扮演超級業務員賣農產，「那時常常往外國跑，連睡覺時間都沒有，行程太『硬斗』，到後來已經沒有祕書願意隨行。」

不過，這個策略可不是因為新官上任三把火，而是潘孟安縝密多時的計算結果。他說，農產品與其他商品不同，就算打進市場、拿到訂單，回台灣還得經過計畫生產、外銷運輸、產品檢疫等作業，從頭到尾跑完一輪，至少是幾年後的事情，正因為需要時間，所以必須搶在最前頭做。

成立「台屏農」，填補農民銷售缺口

一面進攻也不忘回防，在屏東縣境，縣府團隊為了強化農業體質，逐步推動防疫檢驗措施，以確保生產品質，建立優質品牌，才能拿下長期通路。

在諸多做法中，縣府從一開始就決定籌設台灣屏東農業國際運銷股份有限公司。潘孟安說，

農產運銷必須長期合作、打團體戰，才能真正幫助農民，只要品質夠好、通路打好，外銷世界一定沒問題。

於是，2014 年開始，縣政府就開始鴨子划水，籌備台灣屏東農業國際運銷股份有限公司（簡稱「台屏農」），透過多角化經營取得優先位置，不讓布局全球成為口號。

縣政府希望找民間企業一起合作，當時全聯正想提升生鮮品質，尋求穩定的供貨商，雙方一拍即合。2015 年，雙方團隊接觸洽談後，潘孟安前去拜訪林敏雄，確立雙方理念，後續攜手合資，最後由擅長行銷的徐文莉出任新公司總經理，2017 年，「台屏農」正式成立。

縣政府和「台屏農」整合南高屏鮮果，陸續外銷到國外的連鎖超市，這幾年，「台屏農」成功把屏東的金鑽鳳梨上架到中國 400 多間的沃爾瑪量販店，但仍不將雞蛋放在同一個籃子裡，同步開拓其他市場。

2021 年，中國無預警宣布停止進口台灣鳳梨時，「台屏農」布局多年的日本市場隨即展現了價值，在中國禁止台灣鳳梨一週後，屏東鳳梨出口至日本共計 3,470 公噸，比前一年同期的 658 公噸呈倍數成長，其他國家的出口量也較往年大幅提升。

在疫情期間，更凸顯了「台屏農」的最大優勢，就是能將產品直接送達通路端，因為台灣多數農產運銷公司只能將產品送到國內外批發市場，但疫情期間，各國選擇封鎖傳統市場，僅開放超市供民眾採買，相較之下，讓「台屏農」的合作農民衝擊相對輕微。

「台屏農就像經紀人，清楚農民的強項，也了解市場的需求，可以依據農民專長來打造跟包裝產品，」徐文莉說，「台屏農」成立目的，就是要當通路和產地間的橋梁，掌握消費市場反應後，再帶回產地訂出栽種計畫，致力解決台灣農業產銷失衡的困境。

公私協力，寫下農產銷售新里程

與「台屏農」合作多年的鳳梨農觀察，「台屏農」的制度嚴謹，合作的超市都講究環保，只能用再生包材。指派的管理師不但與農民協調出貨品規、外觀和色卡，更長駐產地，幾乎天天到場緊盯農產品栽種狀況。

市場是靠實力說話，所以「台屏農」不只供貨給全聯，合作的農民也不限屏東縣，一路往北延伸到苗栗，甚至連台東的釋迦農也加入，在中國停止釋迦進口後，「台屏農」協助製作冰棒、果汁等食品，打開市場新通路。

目前與「台屏農」合作的百位農戶，4 成農產

為
回家的青年
開一條路。

品上全聯貨架，6 成走外銷，「台屏農」也已轉虧為盈，其他縣市紛紛前來取經。

通路永遠不嫌多，縣政府亦首開全國先例，開辦「2018 屏東國際商洽會」，將國外通路的採購商或買家，包括美、沙、阿拉伯聯合大公國、阿曼、卡達、新加坡、馬來西亞、泰國、寮國、印尼及中國等 11 國家買家，邀請前來屏東，安排農、漁、花、畜產等共 100 家廠商現場展售，由口譯人員協助進行一對一商洽活動，讓買賣雙方面對面洽談。

另配合買主需求，安排產地現地參訪，讓國際買主見識屏東的產業實力，現場媒合 430 場次以上商談，打開全新通路。🅿

●既浪漫↓
→又不浪漫的→休閒農業○

一道菜說一個故事很難想像，能在魚塭旁、農田裡，一面聽著美妙樂聲，一面享用在地出產的創意料理，枋寮新龍社區推出鮮美的龍膽石斑，鹽埔新圍社區把現採野薑花結合養殖鱸魚入菜，道道令人驚豔。

屏東的產業發展策略，不是任農村邊緣化，反而因地制宜，鼓勵社區結合文化、景觀、人文、歷史，自發性找出地方特質，整合各方資源，串聯區域特色，讓產業的力度加深加厚。

屏東縣政府率先成立全國第一個農村再生專案辦公室，建立中央與社區直接對應的窗口，負責整合資源，深入農漁家陪伴，讓社區運用自己的語彙，分享在地生活，自設立以來，共計271個社區參與，農村再生基金已補助超過6億元。

屏東縣政府以一對一的方式，陪伴鄉鎮、部落、社區發展特色商品，再將地方特色產業接軌加工與生技，重新設計包裝，8年下來，具屏東特色的品牌如雨後春筍，個個讓人眼睛為之一亮。

農村再生專案推動辦公室負責人江嘉萍細數，龍膽石斑魚鱗膠原蛋白霜淇淋、澆灌光合菌的水果精釀啤酒、泰國蝦打造的潮蝦脆餅、用九如生態養殖雞蛋做的貴妃蛋捲、呷海楓洋蔥脆片……，一個個充滿市場性與現代感的產品冒出頭，替社區開啟一線又一線生機。

在「2021好屏生活──屏東社區產業博覽會」裡，70家農再社區或商家帶著自家產品出列，潘孟安有感而發的說，或許在外地人眼中，這些產品包裝仍嫌不夠精緻、品項不夠多元、商品完整度不足，但若與過去的自己相比，已是前所未見的大躍進。

隨著台灣休閒旅遊走向深度化、知識化、生活化，屏東縣的農再發展亦跳脫個別的輔導，結合特殊食材與生活體驗，發掘農村角落的美好，轉向獨特休閒生活產業發展。

特色作物產地體驗遊

在原鄉，咖啡、紅藜等特色作物，以屏東品牌見諸市場，屏東咖啡園區以「屏東咖啡 P-Coffee」品牌為主體，自吾拉魯滋部落沿著 185 縣道擴散開來，串聯周邊觀光自行車道，成為獨一無二的咖啡廊道。

回溯屏東咖啡，本是具體而微的存在，屏東因日照充足，且有北大武山純淨水質的產地優勢，早自日治時期即已導入咖啡，後因日軍撤離，百年來，部落咖啡始終是散兵作戰式的各自發展，未能產生規模經濟。莫拉克風災後，避災山下的泰武居民遷至吾拉魯滋部落永久屋基地，雖然居住問題獲得解決，但後續的落地生根才是最大考驗。

近年國內外咖啡市場需求日益殷切，部落山林裡，長出一片片紅、綠果實交錯的咖啡林。7 年前，屏東縣政府積極將咖啡當作原鄉部落產業升級的項目，輔導農民精進栽種與培育的技術，並培養杯測師，讓屏東咖啡品質逐步與國際接軌。

如今，屏東擁有全國最大的咖啡種植面積，約 356 公頃，且咖啡農超過 300 戶，更是世界少數離機場、港口最近的咖啡產區，而 18 位杯測師也是全國密度最高的縣市，光 2020 年就培訓了 20 位取得美國精品咖啡協會「金杯萃取」中階證照的專業人才。

2021 年 2 月，吾拉魯滋部落「屏東咖啡園區」揭牌，宣告「屏東咖啡」進入新時代。

屏東咖啡園區的咖啡體驗館提供烘焙及手沖 DIY 體驗、多媒體教室與咖啡產業解說等。咖啡產業技研中心提供咖啡農藥快篩烘焙、加工包裝，以及有咖啡教室做為人才培育及杯測等使用。咖啡展銷中心則是鼓勵青年返鄉販售屏東咖啡、特色餐飲、文創商品及舉辦假日音樂市集等，打造具「生產」、「生活」、「生態」三生一體的「屏東咖啡 P-Coffee」品牌。

以咖啡產業為前導，可可產業是後起之秀，正在急起直追。

屏東農民的一身本事，不難從可可產業窺見一二，從零到一條龍產業，不到一個世代的發展，屏東就成為金牌巧克力的新產區，化身獨一無二的可可共和國。

屏東可可種植面積 320 公頃，有近百家可可農戶與超過 30 家在地巧克力品牌，以獨特一條

龍的生產技術，成功躍上國際舞台，先後在世界巧克力大賽獲得 46 金 80 銀 42 銅 14 特別獎，數字仍不斷刷新，成為台灣可可的故鄉。

2021 年春天，屏東縣政府整合可可莊園及農戶，讓歷史悠久且被閒置的天主堂搖身一變，成為可可園區，以可可產業資訊戰情室概念型塑，建置多元區域來推廣可可產業，成為產業人力培植的聚會所。

整個區域以「屏東可可‧台灣巧克力」之品牌意象，保留原本的白色教堂建築，打造全新可可體驗館、可可 BAR、AR 專區，以及販售屏東品牌巧克力，成為屏東另一款「黑金」產業。

道之驛的小農直販所

屏東縣自 2016 年復辦熱帶農業博覽會，至今已邁入第七年，整個園區積廣達 30 公頃，共有 24 個農林漁畜相關主題，是一座大型的戶外休閒農場，每年吸引百萬人潮。

2022 年，屏東為擴大效能，將一期一會的博覽會轉型為全年皆開放的屏東縣熱帶農業特色產業園區，以全台第一處由地方政府設立的「道之驛」再生。

多次到日本考察的縣府團隊指出，日本設有 2,000 多個道之驛據點，其中，沖繩縣第一個公路休息站，是離沖繩高速公路許田交流道最近的許田道之驛，裡頭販賣當地才買得到的特產和酒品。

道之驛多半設在當地與外界最重要的聯外道路上，讓周邊小農可把自家耕種、產量不高，但絕對安全的特色農產拿到「道之驛」販售，小農自己定價，「地產地銷」，省去層層盤商，提供消費者更實惠的價格；換言之，「道之驛」就是「農產直販所」的概念。

台灣第一處「道之驛」就是位在國 3 屏東交流道下的屏東縣熱帶農業特色產業園區，定位類似高速公路交流道出口處的服務區，不僅是兜風的落腳處，還能買到當地特有的美食和伴手禮，是走入在地的複合式觀光景點。

屏東休閒農業已從單點農場，邁向帶狀、主題式、複合式等多元面向的休閒農業區，縣政府並協助休閒農場與旅遊業合作，開發各種套裝行程，民眾可以選擇喜歡的行程，領略屏東多樣的生命力。Ⓟ

領略屏東
多樣的
生命力。

●雨天→打傘的↓
────→農漁業保險○

「作農受傷，自己糊牛賽」，這句俗諺經常在農民之間流傳，一語道出農民的孤立無援。長年以來，基層農民是社會弱勢的一群，在原有的農業保險制度裡，只能請領生育、身障及喪葬津貼，沒有任何職業災害慰助。

2017 年 11 月 18 日，屏東縣政府正式將《屏東縣勞工職業災害慰助金自治條例》改成《屏東縣職業災害慰助金自治條例》，將所有勞動者納入職災慰助的對象，尤其包含農漁民朋友，成為維護農漁民權益的重要里程碑。

縣長潘孟安力推這項條例的原因，源於自身經歷。從政前曾經務農、養魚的潘孟安，親眼目睹漁民跌落池底、洋蔥採收工駝著背，在烈日下賺辛苦錢，若是中暑、農藥中毒或因機械操作不慎受傷，只能自掏腰包就醫。

在氣候日趨極端下，農業職災案例層出不窮，

相較於其他產業，農民因工作傷殘的人數更高，但勞保等各類別保險都有職災給付，農民卻因農保設計不夠周延而被排除在外。屏東縣政府籌備 1 年多，舉辦農業職災研討會，率全國之先修訂自治條例，並頻頻向中央提出重新修法，讓農業勞動者能獲得更多保障，才能吸引更多青年返鄉從農。

率先吹起號角的屏東縣，果然帶動「農民健康保險條例修正草案」，經立法院審議通過後，由勞保局開辦農民職災保險，農民每月只要自付 14.4 元就能獲得保障，不必再「糊牛賽」。

賣出全國首張農漁業產業保單

農漁民的人身獲得保障，農漁作物的保障誰來顧？靠天吃飯的農漁民，手中的農漁作物都是血汗，於是屏東縣政府推動農業保險，但這回不保人，保的是農民的心血。

萬事起頭難，屏東縣政府自 2015 年起，多次和農漁民、保險公司討論，研擬適合農漁產品的保單，過程困難重重，來回磨合超過 2 年，終於在 2017 年 3 月，首創全國推出「降水量參數養殖水產保險」，當年雨季就啟動理賠。

台灣產物保險公司指出，這件商品設計有別於一般傳統保險商品，是以累積降雨量做為啟動保險契約賠付要件，藉此鼓勵屏東縣 14 個養殖地區的業者，平時做好水產養殖相關的安全防災防損工作，倘遇累積降雨量符合承保範圍的約定，也有此保險做為移轉降雨量風險的風險管理工具，成為養殖業者的後盾。

跨出最困難的一步後，2018 年屏東亦有全國第一張天氣參數型的蓮霧保單，針對強風、豪雨、低溫等造成蓮霧損害的情形進行理賠，更帶動其他保險公司，開發以天氣參數型農業保單的風潮。

農業處處長鄭永裕指出，屏東蓮霧產量占全國 7 成以上，近年受到極端氣候影響，生產面積與產量銳減，屏東縣政府和縣府農業保險顧問及台灣產物保險公司合作，歷時 1 年多開發出全國第一張天氣參數型的蓮霧保單，保費每公頃 6 萬元，由農委會補助 50%、縣政府補助 25%，農民僅需負擔 25%，也就是 1.5 萬元保費。

如今，農漁產品保單的家族越來越大，芒果、香蕉、木瓜、鳳梨、蓮霧、蜜棗、水稻、養殖水產、禽流感和農業設施等，通通有保障。

大船入港，願望成真

全球三大洋有漁業基地的地方就有屏東船長，如何打造健全的作業環境，對漁業發展影響甚巨，其中，東港鹽埔漁港是中央核定的第一類漁港，在東港溪兩側共有兩個泊區，東港泊區和鹽埔泊區都是台灣漁業的重要基地。

東港泊區水深僅 3.5 公尺，多停靠排水量不到 100 噸的 CT3、CT4 漁船，屏東縣籍的 CT6 遠洋漁船，從海外返航卻只能過門不入到高雄卸貨，船長船東來回奔波，費時又費工，為此，縣政府爭取到東港深水碼頭擴建計畫。

各項工程在 2020 年至 2021 年陸續完工，深水碼頭可容納 1,000 噸以上的 CT8 大船，以過去平均年交易金額 30 億來看，至少會增加 10 億收益，加上大船所需作業人員多，也間接增加就業機會。此外，因量大卸貨時間長，東港鹽埔漁港將變成 24 小時作業不間斷的不夜城。

鹽埔泊區於 2008 年完成擴建工程後，泊區水深平穩、腹地大，適合發展交通航運，但僅限於漁船進出功能，縣府為此召開跨部會議，規劃建置客貨碼頭專區，2020 年 7 月開通「鹽琉線」後，有效疏解東琉線碼頭假日塞爆窘況。

總經費 2.9 億元的客貨碼頭專區計劃在 2022 年 12 月完工，除分擔東港泊區客船擁擠的壓力，更包括了海洋廣場、觀海區和停車場，打造東港鹽埔漁港為兼顧漁業、交通、觀光的複合式新港區。

此外，櫻花蝦是東港特產，為提升拍賣場環境至國際等級，位於東港鹽埔漁港的櫻花蝦拍賣場，以取得食品安全管制系統（HACCP）認證而規劃興建，歷經 5 年多設計施工，拍賣場內維持 15°C 溫度，以確保蝦體在進行篩選、拍賣過程能保冷與保鮮，並建置淨化設備等設施，能使用潔淨海水進行清洗，確保衛生品質。

潘孟安表示，這座全國首座櫻花蝦拍賣場導入 HACCP 管理及人流、物流、水流、氣流、車流等五個面向管制污染源，工作人員進入拍賣場時必須戴帽子及穿雨鞋，同時還須通過消毒池並完成手部清潔，符合國際水產衛生規格，拍賣場於 1 樓落實漁貨不落地及人員管制措施，2 樓增設迴廊，讓人能從高處盡覽漁貨拍賣實況。🅟

大船入港

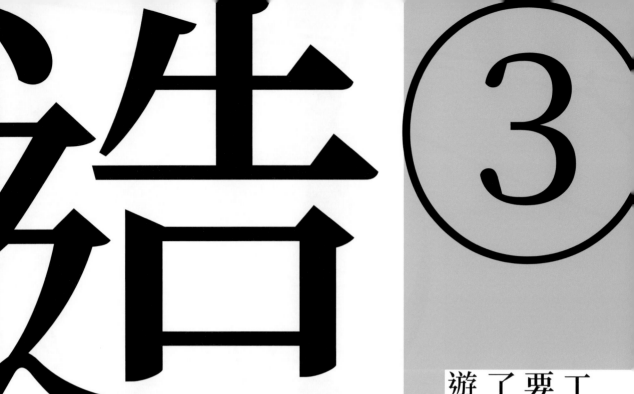

造生

才

③

工作、生活與未來，都是回鄉必要的複選項目，於是，屏東縣關了一條條路徑，試圖讓更多離鄉遊子找到回家的路。

多元適性的 → 人才培養皿

「Country roads take me home
To the place I belong
West Virginia mountain momma
Take me home country roads」

1971 年由美國鄉村歌手約翰 · 丹佛（John Danoff）和比爾 · 丹諾夫（Bill Danoff）、塔菲尼 · 維特（Taffy Nivert）合作而成的〈鄉村路帶我回家〉這首名曲，至今已逾 50 年，它是西維吉尼亞州的四首官方州歌之一，在電影或運動賽事中經常可聽到，也是在宮崎駿的動畫電影《心之谷》中，女主角月島雯平時用來練習嘗試改寫歌詞的曲子，熟悉的旋律總在耳邊呢喃。

一首歌，能夠在世間流傳半世紀，同時風靡東西方，橫跨音樂、運動、電競等不同的領域，魅力到底何在？有人說是勾起鄉愁，有人認為是追求自然永續，有人則是沉醉其旋律……，又或者，以上皆是。

來到鄉下，總會有個疑問：人都跑到哪去了？越往山上或海濱走，空蕩的老屋前，只見精實的黑狗警戒著，朝陌生人狂吠，屋內常常只見獨居的老人或年幼的孩子，過剩的安靜化作寂寥，偌大的空白壓著，讓人喘不過氣。

家，是永遠的鄉愁，羅大佑嘶喊著「台北不是我的家」，那，回家的路又在哪呢？

離鄉，多半是為了經濟考量，過去，返鄉的人總有「在外頭混不下去才返鄉」的莫名情節，寧可苦哈哈的窩在都市，近鄉反而情怯。

這幾年，鮭魚返鄉開始成為流行，越來越多人回鄉，但如何才能真正把人和心同時留下來，不單是提供工作機會這麼簡單。

工作、生活與未來，都是回鄉必要的複選項目，於是，屏東縣闢了一條條路徑，試圖讓更多離鄉遊子找到回家的路。Ｐ

「好貼薪、好夥伴、好起家」，
挺年輕三支箭，吸引青年返鄉，
把人找回來，將心留下來。

薪資獎助金、創業貸款、購屋貸款，
讓想家的年輕人，
打好基底，跨出第一步。

想創業也不難，
士、農、工、商一路相伴，
專業師資群、學長姊扶持、銀行團力挺，
大店長闖南跑北，農企業開疆闢土，
創業屏東隊裡人才濟濟，實力堅強。

產業鏈已然型塑，
南方太陽正在升起，
把握起飛的黃金期，替自己的未來卡位，
屏東的未來不是夢。

把人
↑
找回來
↑
將心
↓
留下來

離家，
是為了→回━━━━→家○

全台灣年日照時數最長的屏東，正是許願藤最適合的生長環境，站在許願藤下，您想許下什麼樣的願望？回望過去的人生道路上，我們多數處於迷惑和不知所措，卻仍在跌倒與失望中、不輕言放棄，偶爾也會想著如果可以回到成長的地方生活和工作，該有多好？回家，回到成長的地方，在習慣的生活味和家鄉味裡，找一份可以兼顧生活品質的工作、開創自己未被看見的潛能與價值。

這一則屏東在地企業的徵人廣告，悄悄的敲動了北漂族的心……。

離鄉有千萬種理由，但離家終究是為了回家，越來越開放的城市，日趨成熟的公共空間，友善的創業環境，還有未來的發展性……，這些都是創業家市場調查的必備項目，屏東一個個被打了勾，果真吸引不同領域的創業團隊紛紛進駐。

青年創業，不只給魚，還要給釣竿，更須建立良好的生活環境、工作環境與托育環境，屏東縣府團隊不光是宣傳式口號，而是真正打造各種友善環境，滿足不同的生活機能，讓北漂遊子找到回家的理由，年輕人可以真正安心待下來。

「青年學院」的設立就是推動青創環境的第一步，自 2015 年起跑後，逐步建立新創孵化空間「I/o studio 屏東縣青創聚落」以及青年創業空間「職人町」。

「青年學院」課程貼近青年需求，扮演創業推進器角色，「I/o studio 屏東縣青創聚落」則是創業初期的孵化器，「職人町」定位為職人們的專屬舞台，透過一連串的城市櫥窗亮點計畫與青年營地養青放電計畫，讓年輕人有匯流的基地。

到底屏東縣府團隊射出的箭是否產生實際效益，走一趟「勝利星村創意生活園區 V.I.P Zone」就能窺知一二，這處暴紅的新景點，已成為青年熱門的創業場域，其中，不乏由青創聚落和職人町轉戰一級戰區的青年創業家，跨出獨立步伐，勇敢接受全新挑戰。

在屏中的大東港地區，成立滿 7 年的屏東縣大鵬灣觀光產業聯盟，成員包括民宿、餐廳、交通租賃、伴手禮等相關產業，會員 66 人，遍及東港、琉球、林邊，甚至是萬巒，在地企業的第二代即約有 3、40 位，成員年輕化、行動力強、內聚力高是主要特色，現已是在地的精銳部隊。

大東港地區業者已進入打群體戰的時代，集結各領域的高手，共享市場，攜手壯大東港的觀光。

在屏南半島，有一處城東大院子，一間小小的白屋裡，各式人才擠在這處共享基地裡。來到這戶大院子的人們，都在做些什麼事呢？做傻事、做白日夢，然後，結合各種專業來實踐。

來自不同背景，專業領域橫跨建築、餐飲、生態旅遊、藝文策展、創業輔導及行銷整合等，在眾人多次共議下，發揮各自所長，改造一處三層樓的民房做為推動基地，並開發小農食堂、藝術駐村及體驗課程，以多元的經營方式讓旅客與當地居民流連駐足，成為島南的一處人才發電機，大夥一起把夢做大。

想家嗎？想回家嗎？想回家工作嗎？許一個可以回家工作的願，屏東準備好了各種路徑，歡迎屏東子弟回家！🅟

提著→皮箱的↓
──→農企業○

當食物越來越短缺，已成為戰略資源，連比爾・蓋茲、股神巴菲特都爭相投入，全球年輕人亦在瘋農業，未來的農人不再只會耕作，而是需要有多樣的能力。而屏東該如何貼近土地，培養未來農業所需人才，是屏東縣政府的重要目標，其中，「農業大學」的設立，就是一條直通農業的日光大道，至今已培養了7屆的農業專業人才。

農業大學是人才搖籃

屏東縣在 2015 年開辦「農業大學」，以「入門班」、「基礎班」、「專修班」分級教授不同的專業，要助青農一把，這所學校不只深入專業課程，還請來老師傅傳授經驗，更提供交流平台，不論是種植技術、財務規劃到生活上的疑難雜症，青農們都可在教學相長下，盡情交流互助。

「農業大學」結合產、官、學界的一流師資授課，課程內容理論與實務兼具，引領學員打下農業基礎知識，掌握農業脈動，並培養自主經營的能力，透過 1 級生產、2 級加工、3 級行銷的系列課程，協助農民吸收完整農業知識，來提升農民的產銷競爭力。

除原有的農業生產面向外，在農大可以學習品牌行銷，包括農業創新、財務管理、品牌經營、行銷通路、銷售技巧、農產品攝影、市場策略技巧，才能成為全方位的農人，迎接農業全球化的到來。

1990 年生的羅秉諺是南部指標性的有機小黃瓜供應農家，從高中到大學念的是農業相關科系，早在念書時他就發現自己對農藥過敏，有機農業自然成為創業的唯一選擇。

「一開始也是覺得什麼好種就種什麼，卻發

現收入追不上支出，」羅秉諺不諱言，但自從在農大汲取經驗後，開始將種植品項簡化，並加大供貨量，一年四季不斷貨，通路自動找上門來，農場的管理也更單純且深入。

從屏東科技大學畢業的羅秉諺說，「在學校時，覺得我們只要會種就行了」，直到創業後才發現，除了種植技術，行銷、談判、資金周轉、農場管理、生產規劃等，每項都要懂才行，進入農業大學上課後，許多農校沒教的企業管理知識都在這裡取得，進而帶著團隊建立起現代化農產事業。

羅秉諺在屏東成家立業，也積極招攬學弟妹留在屏東工作，他認為台灣農業技術佳，但從業人口日趨老化，非常可惜，屏東氣候與環境有利發展農業，縣府積極推動提升農業，或許務農無法大富大貴，不過環境單純，且擁有準時上下班，又可兼顧家庭的優點。

創業時，自己張羅資金的羅秉諺，建議想要從農的年輕人，在貸款前要先想好事業的計畫，若能在創業之初就跟更多前輩或同儕交流，可少走很多冤枉路。

開疆闢土的大店長們

只是時機歹歹，不論是剛出社會的年輕人、

中年轉業，甚至是退而不休的長輩，想開家自己的店，手推攤車也好，小麵店也罷，或是夢想的咖啡館，個個都是大夢。但，小店大學問，夢想的實現必須籌措資金，需有實務經驗及專業背景支撐，否則一旦錢燒完，又會回到原點，於是縣政府找來金牌教練坐鎮，推動「大店長計畫」。

「乎大家賺錢，是我的責任，」潘孟安說，只有讓社會不同階層、樣態的小老闆有錢賺，屏東才能真正成為在地人的好所在，成為外地人的新故鄉，只是屏東畢竟不是商業城市，一開始，工作機會沒那麼多，帶動產業發展不能光靠說的，夢想也不能只是空想，「大店長」就是實踐的開端。

「大店長」課程是在 2015 年開設的創業講堂，縣政府協助具有潛力的產業與店家，提供財務管理、成本分析、行銷管理、網路推廣等課程，同時整合上中下游，致力產地到餐桌的嚴格控管，藉以提升品質，創造屏東的機會。

至於總教練，則是曾任王品餐飲集團訓練總監的張勝鄉，退休後，重返第一線為屏東的「大店長」們傳授經營策略。他觀察，屏東在地店家有很強的技術面，動輒是傳承數十年的好味道，就是管理觀念太過傳統，深怕祕方、財務公開後會被模仿，但連鎖店的策略就是共享，

有捨才會有得。

剛開始，大家總以為公部門開課只是玩玩而已，沒想到大店長的課程十分嚴謹，學員遲到還會被罰款當作公積金，以魔鬼藏在細節裡的鍛鍊，讓每一位大店長發揮酵母的角色，在屏東各領域發酵。

多年來，報名參加的學員來自四面八方，包括一人當三人用的傳統老闆、返家接棒的新生代、懷抱夢想的創業者……。每個梯次都需經過 8 週魔鬼訓練營的培訓，大家一起學習，彼此切磋，換來千金難買的實務經驗，甚至彼此資源分享，養成能讓自己少跌幾次跤的技能，或化危機為轉機的技巧。

學員從最開始以餐飲、服務業居多，慢慢擴及東港等地業者前來取經。味益食品副店長劉凱芬表示，之前聽到很多學長姊分享成功的創業經驗，所以也期許自己透過課程，建立企業組織管理模式，當真正的「大店長」，釐清很多基礎的經營架構與概念。

大店長課程開辦至今已 7 屆，為屏東培養約 200 位大店長，除餐飲、觀光旅宿外，更有農業、食品加工、運動休閒、紡織製衣及批發零售等行業加入學習之列。除寫下一頁頁創業史，最可貴的是大店長聯盟締造出「產業串聯、異業

結盟、同業合作不競爭」的合作網絡，啟動屏東產業與商業動能。

人才磁吸，帶動屏東早午餐產業

台北人吃下午茶，屏東人是吃早午餐！屏東獨特的慢步調和生活節奏，促使早午餐蓬勃發展，許多國內知名早午餐品牌均來自屏東，讓屏東有「早午餐之都」的稱號，其中不少業者都是接受青年學院與「大店長」培訓而成。

「大店長」的磁吸效益下，將充滿冒險性、自我挑戰的年輕創業家們吸納在一起，壯大了屏東的早午餐產業，透過飲食創造屬於屏東的特色。

海內外擁有超過 550 家分店的晨間廚房總監黃義升表示，傳統早餐店的煎台在前，油煙味重，之後改為搬到後方廚房，並換用瓷盤、餐具擺設，讓民眾可以享用餐點，這些改變都是從屏東開始。他驕傲的說，目前全台每年早午餐產值超過 2,000 億元，屏東占居領先地位。

自 2019 年起，縣府與早午餐業者辦理「屏東縣早午餐生活節」，每一年票券開賣都在 5 天內完售，熱銷成績令人眼睛為之一亮。

為讓上桌的早午餐展現屏東特色，屏東縣政府、漁業署與早午餐業者合作，導入屏南枋寮、佳冬、林邊到屏北的養殖水產，以在地石斑魚入菜，推出「屏東你好，石斑來早」屏東水產品早午餐，不須到名店，只要到巷口早餐店就能吃到石斑特色餐。

在各店主廚的創意下，民眾可以輕鬆享用美味的石斑魚早午餐料理，「咕嘰咕嘰」業者研發的石斑特色餐，有香草珍珠龍膽石斑拼盤、香草珍珠龍膽石斑青醬燉飯；「六吋盤」研發的石斑特色餐為清爽蔬果石斑歐包及柚香石斑蔬果冷麵；「漫時光」開發的石斑特色餐為龍魚雞湯麵及龍魚鮮果沙拉，此舉突破傳統石斑魚市場，邁入了生活料理的新里程。

只要願意花錢，硬體的拷貝容易，但要真正使一個地區繁盛，人民素質跟價值觀才是最重要的元素，這正是屏東縣政府竭盡心力投入造人的根本原因。

屏東的鄉間小徑，每個轉彎都有故事，每個路口都潛藏生機。 Ⓟ

來品嘗
南國風土。

●條條大路，
──────→通→屏東○

蓋一棟房子容易，培養一個人才很難，趨勢作家丹尼爾‧品克（Daniel H. Pink）在《未來在等待的人才》（A Whole New Mind）一書中提及，未來人才一定要具備的六大關鍵性能力：重設計、說故事、懂整合、給關懷、會玩樂、重意義，這些能力來自兩種感知：高感性與高體會，懂得跨領域學習是未來人才所需要的重要特質。

隨著網路科技發達，學習方式也被顛覆，不再有既定的型態、路徑、樣貌，人才也必須養成自主學習的習慣，保持彈性、開放，做為持續學習的動能，而提早建立思考批判能力，絕對是自主學習的必修課。

幕前到幕後的劇場人才

跨領域的多樣人力，才能滿足未來世代所需，屏東縣縣長潘孟安想方設法從不同的角度，為屏東培養多樣人才。

2021 年底，屏東縣政府與紙風車文教基金會合作設立「紙風車屏東戲劇藝術中心」，進駐屏東藝術館，這是紙風車全台第一個南部的訓練基地，紙風車基金會董事吳念真認為，屏東藝術館是個中型劇場，可以培養演員也可以培養後台技術人員，紙風車很願意提供經驗，與在地族群一起訓練，讓屏東擁有自己的劇場。

潘孟安透露，多年前他就和吳念真、李永豐、李遠及吳靜吉等紙風車管理階層談進駐屏東的計畫，見面一次就說一次，好事多磨，終於實現，縣府團隊勇敢堅持夢想，真正說到做到，讓紙風車的唐吉軻德精神在屏東扎根轉動，希望透過紙風車讓劇場編劇、燈光、布景及道具等人才在屏東扎根。

文化圈的創意人才

過去，影視或廣告產業多與台北畫上等號，在屏東的創意文化圈工作，常被視為走入死胡同，為此，屏東整整花了 7 年時間，蹲下來練功，一點一滴提供機會、獎金、舞台、技術，讓屏東也能成為優秀工作者的選項之一。

屏東電影節、屏東創意廣告節等年度賽事，就是要鼓勵創作者以屏東的人、事、地、景、物為題材創作，除為屏東電影文化、廣告產業培養更多新銳人才，同時也藉由蒐集參賽作品，拉近年輕人與土地的距離，典藏屏東的無形文化資產。

2021 年，第 6 屆屏東電影節邀請導演魏德聖代言，經過數個月徵件，從 131 件作品中脫穎而出的 10 組優秀隊伍，在屏東歷經 1 個月的駐地拍攝，最後由曾入圍金馬獎的知名動作導演楊志龍製作的《猴東梅偵探社》，勇奪首獎 60 萬元獎金，當時的電影節首映會現場幾乎座無

虛席。

從小在屏東長大的導演楊志龍，後來到台北工作，屏東電影節讓他可以在家鄉展現多年累積的經驗，參與該片的鳳小岳、黃鐙輝、張允曦等演員都是友情演出，整個拍攝團隊對於可以代言屏東都很期待，尤其能在家鄉得獎更是開心。

評審團也表示，以《Vuvu》獲得最佳導演獎的曾智圓，不論是對在地文化或是族群間的連結，抑或用文化觀點去串聯人的感情，都採用很有趣的手法，且導演對角色的掌握或是音樂的選擇都非常到位。獲得最佳剪輯獎的《不會錯過的屏東》相當重視整體敘事的流暢性，更運用流利的剪輯呈現屏東青年成長遭遇的困境與矛盾，成功的將觀眾帶入故事中。

屏東電影節舉辦至今，逐漸建立知名度，角逐參賽的團隊越來越多，演員陣容及故事情節越來越精采，逐漸成為影視產業的培育搖籃。

三級五區的體育人才

屏東縣政府自 2016 年推動三級五區的人才培育計畫，自國小、國中、高中的三級升學制度銜接大學，培育在地體育人才，並聘用優秀選手擔任專任教練，厚植屏東的體育實力，專任教練人數已從 107 學年度的 15 人增加為 111 學年度的 36 人，呈現翻倍成長。

2000 年在舉重項目奪得雪梨奧運銅牌的郭羿含，是屏東第一位專任運動教練，她自選手退役後，國內外知名學校紛紛邀請她擔任教練，但因從小接受屏東培養，毅然選擇留在家鄉。郭羿含認為，三級五區政策的推動，能讓選手在升學有良好的銜接點，也可提供教練較過去更優渥的環境與資源。

負責來義高中田徑項目訓練的趙志堅教練則說，過去選手大多憑藉熱忱留在家鄉任教，縣府的三級五區政策，讓學生及教練的福利與資源有所改善，優秀選手願意留在屏東為家鄉爭光，也有更多機會培育有實力的體育人才。

屏東縣體育發展中心指出，現今三級五區朝向「2.0」發展，以「四級銜接」為目標，「留縣升學」為願景，透過「成立運動科學輔導團、健全運動防護體制、精進教練增能課程、規劃重點項目聯賽制度、完備運動訓練設施、結合企業資源」的六大策略，將三級五區推向四級五區，結合社會企業資源，打造「屏東隊」的體育品牌。

首創將長期照顧納入國中技藝教育課程

「阿公阿嬤動作為什麼這麼慢、這麼囉嗦？你體驗過一次就不會再唸了，」屏東縣副縣長吳麗雪說，因應高齡社會來臨，屏東全國首創，2015 年將「長期照顧」納入國中技藝教育課程，不只讓孩子認識長照，更是認識長輩的生命教

育，從小就知道阿公阿嬤甚至是阿祖的不方便。

第一間長照體驗教室就在竹田國中，這所設有長照技藝班的學校，是長照技藝課程的火車頭，將花錢也買不到的生命教育推動下去。

體驗教室以家的理念出發，設有客廳區、浴廁區、階梯區、寢室區、廊道區、戶外休息空間及多功能教學區等七大體驗空間，加上仿老體驗裝來強化學生的感受，其他學校陸續安排參訪。

縣長潘孟安曾多次到學校進行實地了解，看見學生腿上綁著鉛塊，臉上戴著老花眼鏡，體驗變老的感覺。學生們終於了解長者為什麼走路動作遲緩，還看不清楚，甚至有學生說，長大以後想要照顧老人家。校長和老師們也發現，許多學生對於長者的態度明顯改變，從原本害羞或不知如何與長輩談話，到後來都能主動打招呼和協助攙扶長輩。

身心障礙青年不該只是待在家。屏東縣政府進行農事培力，讓身障朋友不再待在家中看天花板，而能出門參與農作。

身障青年的農事培力坊

潮州國小崙川分校過去曾是廢棄學校，縣政府近年進行大改造，在原有身心障礙小型作業所的基礎下，以創新方案整合啟智協進會、青農及大店長聯盟力量，從露營基地進化到「屏東縣智青農事培力坊」，共同培力身障青年的農業技能。

學員阿海帶著身障夥伴，到田裡採九層塔跟玉米，經過短短幾個月的培力，這群大孩子們從陌生到熟悉，在老師貼身指導下，學習自然農法耕種，現已能種出九層塔、蔥、大陸妹、玉米跟絲瓜，還在田間架設了環境數據監控設備，朝向數位履歷發展，讓消費者吃得更安心。

社會處處長劉美淑說，這些身心障礙者過去是被照顧者，如今已有能力照顧自己，至於產出的蔬果，在縣政府媒合下，透過大店長聯盟的通路銷售，不必為通路發愁，創造雙贏。🅟

把人

放到對的

立置上。

155

●把握→黃金期，
替未來→卡位○

屏東的公共建設或休憩設施屢屢搶攻國內報章雜誌版面，或是在網路被大量分享，就連網紅都來取景拍攝。

小學就移居紐西蘭的 Tony，回到台灣已經 11 年，一名海歸青年在屏東市的巷弄裡開了咖啡館，現已是各方爭相推薦的名店，除了在地顧客外，每逢週末，觀光客或外國遊客絡繹不絕，他當起城市導覽員，為來客提供最新且實用的旅遊情報。

面對咖啡館的客人詢問，若是初訪者，他的第一個建議是到縣民公園走走，「黃昏去散步吹風很棒，森林裡的圖書館也很優，勝利星村深受文青喜愛，裡頭的冰糖醬鴨是我的最愛，不過我現在最期待的是屏東書院，」Tony 如數家珍的向外地來客分享屏東的美好。

除了生活品質提升，工作機會也開始變多，

先是在屏東設廠多年的本田汽車，國產主力車種大都是在當地製造，2019 年加碼投資屏東廠 40 億，持續深耕台灣市場；而農科園區二期計畫開發也已動工，以農業生物科技產業為主。

近期「屏東科學園區」定案，將落腳六塊厝，串聯高鐵屏東站；「屏東縣運動休閒園區」匯集休閒、生活、教育於一體；符合高齡社會需求的「屏東縣健康產業園區」已經動土⋯⋯。

潘孟安表示，在可見的未來，屏東科技園區擴區計畫，包括園區建設（含廠商投資），預計投資 50 億元，年產值可達 100 億元，屏科籌備辦公室於 2022 年 1 月成立、7 月招商，預計 2023 年 4 月公共工程與廠商建廠同步動工，未來將形成智慧產業聚落。

此外，屏東亦已完成 6 處產業園區開發，年產值達 1,826 億元，4 年來更成功媒合 82 公頃

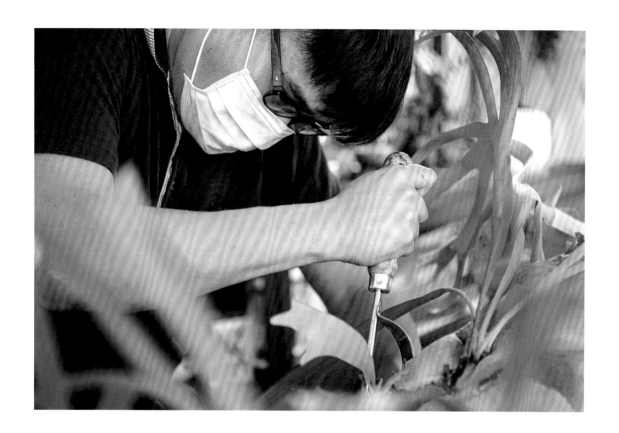

的閒置工業區土地，26 家企業投資近 300 億，未來提供更多生技公司來屏東設廠。

各個產業區塊鏈的未來樣貌日益清晰，不僅工作機會變多，且具有挑戰性與未來性，有意來屏東發展的人變多了，經常可在咖啡廳聽到鄰桌熱烈的討論著房子、工作、學區等問題，屏東這個地方，總算是熱起來了。

由北到南的青年新創基地

為了因應屏東躍進所需要的大量人力，屏東縣早就針對未來的發展，進行準備作業，推動 3 處青年新創基地。

縣府運用公有閒置空間規劃主題性青年基地，分別在車城鄉原溫泉派出所、屏東市原救國團舊址與高樹鄉南華國小，以「青年旅創、數位經濟、智慧農業」等主軸出發。

高樹鄉南華國小建校逾 50 年，2020 年裁併校後，縣府邀集當地青年、社區居民討論空間規劃，因其位置連結周邊屏北地區的糧倉腹地，最後定調為「屏東智慧農業學校」，運用物聯網、大數據工具，來提高種植及養殖效率，翻轉靠天吃飯、農村缺工的窘境。

勞動暨青年發展處處長黃鼎倫指出，屏東智慧農業學校已在 2022 年 1 月正式啟用，除延續

屏東各地的

人才搖籃

逐漸成形。

原有教育功能,另將培育無人機機師,做為南區最大的無人機考照場所,進而串起社區產業,扮演高樹觀光旅遊的入口角色。

至於車城鄉溫泉派出所因整併後閒置多年,以「四重溪溫泉市集」新面貌再出發,規劃做為屏東青年旅創基地,成為老街商圈亮點。車城國小溫泉分校東棟校舍做為青年 Coworking Space(共享空間),引進財團法人為台灣而教(Teach For Taiwan)教育基金會團隊,以地方創生模式推展「回溫計畫」。

黃鼎倫說,車城鄉的雙星基地將尋求民間集團支持,以「健康休閒、公益分享、地方創生」為訴求,透過教育及遊程規劃,共同打造青年培力、教育、休閒、旅宿場域,開啟地方創生契機。

至於位在屏東市的救國團遷址後,已將原有舊辦公室歸還給縣府,舊址打造為數位發展與青年創業交流場域——屏東數位青創中心,基地定調為數位科技生活的展現,吸引大數據、AR / VR、物聯網、智慧光影 / 光雕等團隊進駐,並引進特色數位餐飲服務,推廣數位科技產業發展及共生,培育數位科技人才。

有了不同主題的青創中心,完成階段性任務的「I/o studio 青創聚落」將在 2022 年熄燈。

眼見屏東各地的人才搖籃逐漸成形,潘孟安說,人才就是屏東的資本,唯有屏東隊百花齊放,才能在未來的世代獨領風騷。 ℗

未來

↓

不是夢○

屏東的

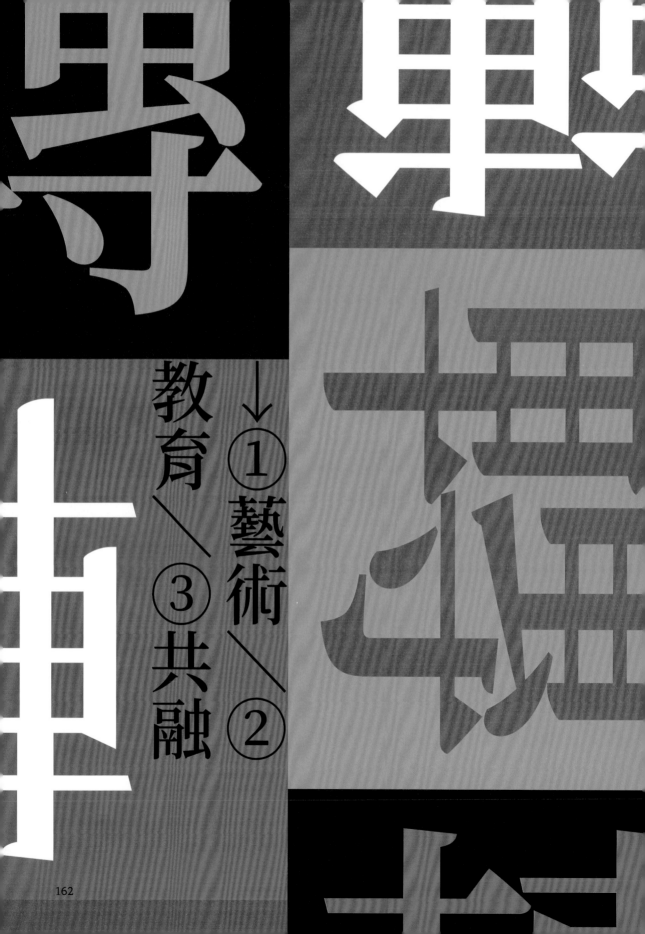

→①藝術②
教育＼③共融

轉

章節 III

○屏東轉
大人●

面對問題時，多數人未去認真思考問題本質，只能不斷處理表層問題，唯有看清事件核心，提前布局，才可能有大破大立的作為。

屏東縣的幅員遼闊，在人力、資源有限下，若依照傳統做法，只能坐等問題發生，再疲於奔命的善後，因此，屏東縣政府決定向前跨一步，趕在問題發生前先做點什麼，尤其是觀光、農業、社福、教育等單位，讓這些存在已久的政府核心單位，能在行禮如儀的窠臼中，找出前進的方法。

扮演整合重任的屏東縣副縣長吳麗雪說，在時間軸上，要防患於未然；就架構上，打破組織的隔閡，簡單說，就是盡可能在問題發生前，整合各局處共同面對解決。

但要打破單位的本位主義談何容易，屏東縣政府不斷的鋪陳、折衝與整合，才鍛鍊出團隊的默契和向心力。

觀光是屏東的經濟命脈，縣政府的做法是跳脫景點式遊憩，改推線性的旅遊、主題的探索、

統整的體驗，例如客務處的可可一條街、文化處的勝利星村、原民處的部落生態旅遊……，促成一條條兼具文化、歷史、產業、地貌等不同內涵的觀光廊道。

「除了經濟，還要有生活，」屏東縣縣長潘孟安說，屏東正朝向全人照顧的目標挺進。

回到社福的生活面貌，屏東縣政府就地理位置的差異，陸續在各區塊設置七大社福中心，建構起屏東的社會安全照護網，主動關照老弱婦殘等問題，進而整合教育處，投入學齡兒童教育的課後照顧以及衛生局的醫療照護問題。

政府存在的目的，就是為人民謀福利，屏東縣政府以此為目標，致力打破組織的本位主義，主動看見問題，回應問題，解決問題，以行動來實踐這句話。ⓟ

藝術

輸出也好，輸入也罷，其實都只是一種交流，屏東以最自在的方式，與國際交換彼此對美的想望，攜手走向更好的世界。

跨越國際的 →語言

藝術能跨越語言，回到最小分子的本質，以舞、詩、歌、畫、塑、雕等無以倫比的能量，穿越人間種種界線的障礙，直抵人心。

2020 台北雙年展「你我不住在同一星球上」，2021 年 11 月在疫情中逆向輸出至法國龐畢度中心梅斯分館展出。

建築立面的偌大螢幕，屏東藝術家峨塞·達給伐歷得的大型繪畫作品「病毒系列」躍於其中。另一位排灣族創作者武玉玲，以莫拉克風災中家園被毀、族人被迫遷移鄉土為題，利用回收的布、羊毛與線等素材，創作大型有機形體，屏東的創作、屏東的故事，透過繪畫、工藝傳輸到龐畢度梅斯分館，在展間恣意釋放東方的聲音。

事實上，藝術一再化為屏東分身，在世界各地現身。2020 年 2 月，曾在台灣燈會展出的兩件藝術，應邀至丹麥哥本哈根燈節展出；2021 年 8 月，在英國愛丁堡藝穗節，恆春民謠進香團受邀演出兩場，由「人間國寶」陳英阿嬤率團線上開唱，讓世界聽見台灣的〈思相枝〉。

一次次的藝術出走，尚有「南國漫讀節」、「半島歌謠祭」、「斜坡上的藝術節」等各式各樣的展演，讓更多人看見屏東的柔軟。

除了走出去，屏東還打開門讓世界走進來。

全台唯一的「卡列拉斯，希望原鄉」來到屏東演出，世界三大男高音之一的荷西·卡列拉斯（Jose Carreras）壓軸獨唱〈不准的音樂〉，全場觀眾如癡如醉。雲門舞集藝術總監林懷民的作品《關於島嶼》在屏東縣立田徑場上演、綠光劇團野台戲《人間條件》年度最終場，也選擇在屏東千禧公園壓軸登場。

輸出也好，輸入也罷，其實都只是一種交流，屏東以最自在的方式，與國際交換彼此對美的想望，攜手走向更好的世界。ⓟ

屏東終於有了些許涼意，「優人神鼓」來到屏東縣民公園演出，引領著群眾，流轉在遺址、地坑、水域、鏡面、廣場……，就著不同的場域，開啟與天地的對話。

氣勢磅礴的鼓聲裡，舞者旋轉起舞，字語隨風而起，應和著舞者的起身躍動，時而柔美，時而剛強。

縣民公園的工業遺構水岸公園裡，大跨度的露天沉浸式劇場，天地人合一的演出，展現了天地的大美，感染了萬名觀眾。

藝術、地景、群眾的對話，在各自心中迴盪。

那一天，鼓聲化為心跳聲，人與人的距離縮短了，人與天地的距離拉近了，每個人，都不過是人間的一粟而已。

當鼓聲
→
成為
心跳
聲
○

●

二〇二一年深冬的黃昏，

●南歌→北送，
台灣──→Opera宅配到→家○

「今晚，想來點什麼？台北冷冷的暗暝，我決定來點半島的歌聲，咱的落山風蓋夠力，把百年的半島歌謠，由台灣尾配送到台北的花博舞蝶館，由人間國寶陳英領銜，演出最有台灣味的台式 Opera，和大家一起走進音樂裡，」2020 年 10 月 24 日，來自國境之南的大家長潘孟安發出邀約，領著半島的歌手們北上演出。

民謠，是聽覺的台灣

台灣的文化很美，民間的歌謠更美，是屬於聽覺的台灣，一句句歌詞，是台灣風貌的剪影；一首首歌曲，是生活的真實旋律。其中，半島歌謠是最 Live 的台灣。

提到恆春民謠，留在老一輩腦海裡的是陳達滄桑的嗓音，中生代浮現的是鄭怡飆高音的那句「再唱一段，思想起……」；至於新生代約略只剩恆春半島入口處那月琴裝置藝術的模糊

印象。

但恆春民謠之所以經典，在於它的與時俱進，半島過去 8 年來不斷向內探索、對外釋放，在老歌聲中，尋求一種全新的可能。

那一夜，《半島風聲　相放伴》舞台劇演出的阿公、阿嬤們，在台下皮皮剉，一上台，卻像《歌喉讚》裡的美聲唱將，個個巨星魂上身，Live 舞台宛如台灣本土的 Opera，展現落山風式的半島氣勢。

一入秋，落山風吹起的恆春，音符隨風登場，年年推出不同主菜的歌謠全餐等著大家，在鹹鹹的海風中，聽最有味的歌，早已是每年心照不宣的約定。

2015 年的「千人月琴傳唱」，打破金氏世界紀錄，用音符寫下小鎮的歷史；2016 年的

「國慶音樂會」，國立臺灣交響樂團與恆春民謠藝師合作，在島南端出國家級的藝文饗宴；2017 年「史與樂見面，瑯嶠起大城」，結合地景與多媒體投影的跨界嘗試，重現恆春建城的歷史故事場景於恆春北門現場；2018 年「Hear Here 聽見恆春」，展現恆春半島 10 年民謠的發展與蛻變，並受邀至美國芝加哥表演。

2019 年，以「阿嬤叫你回來聽歌」為訴求，半島劇場初登場，當年在日本山形市花笠祭進行演出；2020 年，恆春民謠音樂劇場《半島風聲　相放伴》首度北上，在花博舞蝶館免費公

謠進鄉團成功登上愛丁堡藝穗節。

2020 年的《半島風聲　相放伴》是一個結束，更是一個開始。

「台灣南北不過數百公里，但要將島南的歌外送到台北的舞台，卻走了很多年，如今，總算可以讓北部人好好的聽半島的歌，或許，在大家眼中，不過是場音樂表演，但對屏東人而言，終於跳脫了地域的限制，走出大家對民謠的刻板印象，創造屬於地方的價值，」潘孟安以半島民謠為例，道出這幾年屏東藝文的蛻變。

要拭去「文化沙漠」之名，不是用橡皮擦或立可白抹抹擦擦即可，文化建設與推動是一條無止境的道路，屏東縣政府多管齊下，軟硬兼施，首先，針對各種老舊的文化館舍，展開一連串的老屋更新計畫。

演武場的活水

在屏東市蛋黃區，太平洋百貨公司旁，一棟嶄新的日式武德殿，以動漫展為古蹟修復後打頭陣的首展，打扮特殊的年輕 Coser（角色扮演者）穿梭內外，舊與新、日與台，衝突的對比構成了獨特的風景，在熙來攘往的商圈裡，總是焦點所在。

建於 1930 年的屏東演武場，戰後由軍方接收，自 1951 年起做為軍人服務站，原有的隔間、地板和窗戶等結構雖改建，但主體結構、門廊圓柱和屋頂仍維持舊貌，2003 年被縣府登錄為屏東縣歷史建築。

演武場重見天日的價值，與其說是重現建築的原型，更像是屏東歷史的縮影，以及見證時間的指標。

位處屏東市繁華的門面，打小在此長大的屏東人，只留有「軍人之友社」招牌的印象，一般人不得其門而入，即使周邊空間出租給連鎖餐飲業者，也都是直接進入 2 樓用餐，時間久

了，早已不知道原本的樣貌。

因此，文化處對於這棟建築的還原，就像是對歷史抽絲剝繭的過程。

2015 年縣府終於從軍方手中回收建物，潘孟安指出，這可視為一次權力的回歸與歷史的正義，2018 年開始修繕工程及拆除增建，2019 年完成修復，屋頂維持特色的唐破風型態，乍看是塗漆閃亮的新建築，但走進裡頭，屋內的窗櫺與頭上的橫梁，可以嗅出這棟房子的老靈魂。

文化處處長吳明榮表示，這棟館舍與緊鄰的屏東美術館不同，屏美館是以美術展覽為主軸，演武場則導入饒富童趣且適合年輕人氛圍的現代藝術展覽，結合百貨商圈，建立線型的文化廊道，重新活絡這個區域的文化氣息。

森林裡的書香

這幾年，屏東最具指標的圖書館舊翻新計畫，就是屏東縣立圖書館總館與屏東市立復興圖書館的修建，這兩處館舍各自負有不同的任務，卻因老舊而衍生漏水、消防、公安等問題，於是，縣政府展開長達數年的整建計畫，以硬體的改頭換面，來宣示屏東推動閱讀的決心。

2020 年，屏東縣立圖書館總館開幕，占地近 5 公頃的園區內，成行成列的老樹們與光影

合舞，在整片玻璃帷幕的投射之下，成為一本 Live 的屏東大書，全天候在這棟「森林裡的圖書館」裡不斷電的演出。

屏東總圖的主責建築師陳玉霖直指，「打掉重做相對輕鬆，因為可以避免很多複雜的技術問題，也不用遷就既有的結構和消防，反而是把舊的記憶保留下來改造較難執行，因為施工時間會變長，複雜度也會提高。」

陳玉霖說，翻修「非歷史建築的建築物」除了不會製造大量廢棄物的環保觀點之外，還有很多附加價值尚未成為社會的主流觀點，以這個角度來看，屏東縣立圖書館總館算是走在前沿，以一個成功的案例告訴大家，無需重頭開始，而是把舊的東西留下來層層疊加，也許藉此可以啟發更多的政治決策往這個方向前進。

沒錯，屏東縣政府以舊融新的做法，讓屏東總圖重生，開館 1 年的入館人次累計超過 90 萬人次，流通冊次超過 100 萬冊，辦證人次成長 8 倍，青少年使用人口也成長約 4 倍，自此而後，屏東總圖不僅是屏東人的大書房，亦是全國公共圖書館的指標建築。

除了屏東總圖外，位在屏東市邊陲的復興圖書館幾乎亦在同時期進行了一次「變臉」手術，但卻未受到太多關注。

若說屏東總圖是遺世獨立的文字桃花源，那復興圖書館就是深入社區的療癒庭園，仿古書院的院落式建築，順應不同時節的開花植栽，以色彩和氣味伴讀，來到嗑書蟲最愛的沙發閱讀區，落地開窗讓整個空間彷彿與藍天綠地合而為一，整個人窩在跳色沙發上閱讀，像是置身在特色書店，只是多了些靜謐的悠哉感。

打從官方的圖書館翻新號角響起，屏東的書香亦開始無聲無息的向山邊、海角蔓延。

獨立書店花開遍地

屏東的獨立書店花開遍地，從勝利星村、深山部落到國境之南的恆春，甚至連離島小琉球都有，且各具特色。

2022 年新春伊始，縣府選擇 8 個原鄉的中心點，將莫拉克風災後，來義鄉遷居新埤鄉新開村的永久屋新來義部落產銷館，改造成「讀‧享空間」原住民圖書館，1 樓是圖書與視聽空間，2 樓是策展空間，展出原鄉創作，服飾、竹編、綠蕨、陶壺等部落元素錯落其間，讓山林知識以多元形式傳承，期盼朝全國第一個原民獨立書店的願景邁進。

潘孟安說，過去原民文化藉由藝術、工藝、歌聲等方式口耳傳承，如今，文學已是記錄山海及生活的載體，這處圖書館是以屏東原鄉的

讓書香開始
無聲無息的
向山邊、海角蔓延。

史料為核心，收藏原住民族相關出版品，以及
國內首創的排灣族、魯凱族本位教材、繪本，
就是要讓書香吹往屏東的斜坡上。

屏東藝術館的回春術

屏東藝術館濃縮了屏東人從幼稚園到大學的

各種演出記憶，從國語文競賽、兒童劇場、國
高中畢業美展……。一提到藝術館，總是留下
全家出動以及帶著花束前來的共同回憶，只是，
近 40 年老建築的容顏不再。

　　屏東藝術館曾是全台最早啟用的文化活動中
心，屬元老級的老建物，場域設計早已不敷現

代需求,還得面臨耐震、消防等公安問題,於是,縣府改弦更張,將屏東藝術館重新定位為戲劇與舞蹈的專業表演藝術中心,向文化部爭取經費改建。

斥資 1.3 億整建的屏東藝術館已在 2021 年完成,美,只是皮相的評價,事實上,這座藝術館是內外兼具的維納斯。在看不見的地方,消弭了過去的缺陷與公安的危機。

對觀眾而言,1、2 樓共 624 席全面階梯化,視野開闊,改善了原有斜度不足、後排視線受阻及回音過大的情形。舞台、燈光、音響設備全面優化,宛如屏東人的家庭劇院,至於對演出單位的友善,「從陣列式音響就看得出縣府的用心,」紙風車劇團創辦人李永豐演出後給了評價。

屏東藝術館的角色定調在戲劇與舞蹈的演出,而屏東演藝廳則是專業音樂廳,兩者相互串聯建立「屏東藝遊」品牌,是六都以外,同時具備兩個專業藝文場館的縣市。

硬體空間改善後,屏東縣政府緊接推出各種大型表演活動,開館首演是紙風車劇團的《紙風車幻想曲》,一流的硬體加上一流的演出,

得到 1 加 1 大於 2 的效果,消息一釋出,門票立即秒殺,隨後,縣府陸續安排明華園的歌仔戲、雲門舞集等單位演出,就是要以藝術替館舍駐顏。

除各式演出外,醞釀多年的「紙風車屏東戲劇藝術中心」亦規劃扎根於此,這是紙風車跨出台北後,在南部成立的第一個訓練基地。

導演吳念真說,紙風車成立至今已 30 年,比別人多的是經驗,在表演過程中發現,文藝表演越在地就越國際,類似的合作將從屏東開始,開啟互相協助模式。紙風車董事長李遠則承諾,紙風車不會排擠地方現有資源,會從外界募款,陪伴屏東一起成長。

縣長潘孟安希望透過屏東戲劇藝術中心,以戲劇陪伴在地長輩、青少年及一般大眾,讓他們以自身生命經驗成為戲劇元素,一同參與創作和演出,讓大家可以在自己的地方,用自己的話,說自己的故事。

一棟棟建築物的更新只是起點,這些藝文館舍換了一張張新面孔後,正要以獨特的內在魅力,打開屏東的視角,寫下全新詩篇。🅿

●歷史場域→再造，
進化→的回歸○

不管世界怎麼變，總是一面進化、一面回歸，舊原點正是新起點。

人類一面透過科技的進化快速前行，日復一日刷新對世界的認知；另一方面，卻又持續的回歸，溯源真正的本質。進化與回歸，如潮汐運行，必須及時回溯傳統與價值，否則終將失去未來。

為保存、維護及活化台灣的有形、無形文化資產，文化部自 2017 年起，積極推動「再造歷史現場計畫」。整個計畫的軸心，是在過去既有的單點文化資產保存及修復活用基礎上，強化人民與土地的連結及歷史記憶的重要性，進而擴大到區域性的文化資產保存，以滾動文化帶動城鄉發展。

屏東縣政府盤點了縣內的文化資產，全縣指定登錄的有形文化資產共計 157 案、無形文化資產有 51 案、原住民文化資產更有 81 件，數量占全國 35%，個個都是屏東的文化寶庫。

於是，縣府運用自身優勢，提出全國數量最多、規模最大的「再造歷史現場計畫」，包含屏東飛行故事、屏東菸葉廠與牡丹社事件，打造一條條全新的屏東文化路徑。

屏東飛行故事再造歷史現場計畫
──勝利星村 V.I.P ZONE

日治時期配合屏東機場的設立，屏東市區陸續興建 149 棟官舍，建築以磚造牆、檜木為屋架結構，屋頂覆蓋日本黑瓦加上裙帶式雨淋板的設計，成為橫跨近百年的建築物，是全台灣保存規模最大、數量最多、最完整的日式軍官宿舍建築群，每一間屋子都有屬於它的故事。

1927 年日本陸軍飛行第八聯隊進駐屏東，同

時合併了警察飛行班，隨著 1936 年擴編為第三飛行團，為讓軍方人員有安置處所，便在周邊興建大量官兵宿舍群，即是屏東市眷村的最初雛形。

戰後，隨著國軍陸軍與空軍接收，官舍亦不斷向周邊擴建，以容納更多居民，逐漸形成眷村生活圈，即後來的勝利新村與崇仁新村（成功區），此地不僅是全台保存面積最大的眷村，更是全台將官掛星總數最多的眷村聚落。

縣府於 2007 年將其中 69 棟眷舍登錄為歷史建築，這一批建築群原屬將官居住，每棟房舍面積約一、兩百坪，梁柱以檜木搭建，庭園花木扶疏，老樹、果樹與香花樹種眾多。

屏東縣歷時約 10 年的修復工程，將區內 69 棟共 97 戶的歷史建築修繕完成，整個基地裡有鮮明的國防遺蹟，像是難得一見的飛機副油箱、老煙囪、防空洞，以及歷任陸軍官校校長的眷舍「將軍之屋」，處處可見獨特的地景與人文氣息，2018 年以「勝利星村創意生活園區」的風貌再生。

截至 2021 年 11 月止，共完成 76 戶營運徵選，進駐類型豐富多元，涵蓋文創產業、原眷戶、返鄉青農、農創選物店、背包客棧、親子體驗、服裝設計、表演藝術、文學書坊、複合式餐飲、特色冰品、音樂展演、劇場、兒童繪本閱讀、異國餐飲、手工藝製作等類型。

一棟棟老眷舍成為溫暖人心的人情小店，不同屬性的食物研究室，結合在地食材與料理手法，令人五感全開，慢遊在滿是綠植的巷弄，各式各樣的獨立書店吸引書蟲目光，可以各選所好，挑家合眼的書店，躲進私房選書裡，透過文字認識在地的美好。

若是倦了，園區裡還有日式民宿可以休憩，傍晚悠哉的散步納涼，吃碗冰或霜淇淋，或至居酒屋小酌，或到茶館串門子，再沿途欣賞裝置藝術回家，感受獨特的「屏式」生活溫度。

新場域激發出新想法，發揮磁吸效益，成為熱門商圈，近期有不少在地產業進駐，包括融合新舊眷村菜的「黎記眷村食堂」、農場經營的友善飲食店「耕心」、萬金畜牧場跨界的「搖滾雞炸雞」、東港冰果室老店新開的「御木軒」冰室等，每天總可見一輛輛遊覽車從全台各地前來。

黎承諭在 85 歲奶奶與 60 歲媽媽的協助下，接棒已有半世紀歷史的黎記，他說，自家店裡有一味絕對沒變，那就是人情味，也是他開設食堂的主因，希望能透過料理與來客互動，回到和顧客做朋友的關係，傳達舊時眷村的美好回憶。

在潘孟安眼中,「勝利星村不只是一個平台,更是一個品牌,我們想要用這個品牌擾動在地,協助在地產業走向文創化,」因此,縣府早在 2017 年年底,便將崇仁新村(通海區)、(空翔區)及得勝新村也列為歷史建築,並於 2020 年開始啟動修復及活化利用。

崇仁新村(通海區)有 9 棟 18 戶,分兩期修復,目前已完成第一期 3 棟,並開啟第二期修復計畫,以文資修復原則完整修復,重現日式官舍群的風貌與歷史記憶,打造成為慢活、漫遊的城市廊道。

另外,崇仁新村(空翔區)及得勝新村的修復及活化利用,是以戶外博物館的理念,融入屏東市的城市發展史、日式官舍建築式樣的展現,因修復極為困難,僅完整保留 7 棟。

其餘保留部分屋體或原始建材,如日式鬼瓦、桁架、窗花、圍牆等,邀請藝術家就地創作,讓舊傳統與新創作產生對話,使歷史、文化、藝術、美學、在地特色與大自然融入遺構之中,重新鏈結人文與自然、歷史與城市、文資與藝術等多重關係,透過新舊融合與共存,為現代城市灌注文化內涵,留下時間的軌跡。

這個位於屏東市核心位置的歷史場域,橫跨了屏東百年歷史,經過 10 餘年的改造,預計在 2023 年告一段落,屆時可望成為全台最大保留日式建築及結合眷村生活藝術的歷史場域,屏東也將從「閱讀城市」取代「觀賞城市」,成為一座歷史、人文、藝術共榮的城市。

屏東菸葉廠再造歷史現場計畫
——屏菸 1936 文化基地

產業,來自經濟活動;藝文,源於富足生活,在當代,無論產業、歷史、人文、藝術已無法清楚分割,於是,屏東縣政府將珍貴的工業文化資產「屏東菸葉廠」改造為「屏菸 1936 文化基地」,讓曾經淡出市場經濟的屏東菸葉廠,重新走入文化脈絡之中,轉換之間,不變的是扎根於土地的生活樣貌。

屏東菸葉廠占地 4.2 公頃,牆上的斑駁紋路、廠區的設備細節,在在代表著人與產業的故事,站在複薰區的巨大模矩架構下,日陽透射,傾瀉著輝煌已逝的孤寂,以及塵埃落定的靜謐。

再造的屏菸 1936 文化基地,是以博物館群的概念而生,屏東菸葉館以母雞帶小雞的概念,串起客家館、原民館、縣立美術館、兒童探索館、特展空間、典藏庫房、屏東縣典藏中心……,形成屏東博物館群,成為各種主題與特色的微型博物館大本營,進而串聯屏東縣各地的藝文場館,成為互助合作的文化平台。

廠區與倉庫之間的聯絡走道,大跨距鋼架結構

混搭了綠色植生牆，形成縱向的「綠之廊道」，而橫向的「風之谷道」，則與鋼架斜面的彩繪玻璃相呼應，透過南國花卉和綠色植栽交錯，凸顯在地的鮮明色調與奔騰熱情。

1,300 多坪的「屏東菸葉館」是場域裡的主鑽，原有的除骨、複薰加工區與相連的 16 號倉庫一氣呵成，廠內留存的加工器械、菸葉、圖文史料，串起產業的脈絡，是台灣首座菸葉主題館，在這裡，大量導入數位科技，透過沉浸式的五感體驗，讓人重溫逝去的黃金歲月。

投入菸葉館、複薰加工區等四棟建築的修復及再利用設計的建築師洪仰政說，屏東菸葉廠屬於工業遺址，菸葉廠主體建築部分，以不影響使用安全的狀態下，盡量採取凍結的方式，來維持閉廠時最後的樣貌，保存其斑駁感，而非更新成一棟「新古蹟」。

16 號倉庫的 2 樓則化身「客家館」，館舍的最大特色在於沉浸式的互動展覽，透過動態、開放及互動的手法，與不同世代、族群的觀眾，共同演繹當代屏東文化的底蘊。

牡丹社事件再造歷史場域計畫
——牡丹社事件故事館

2021 年秋，縣道 199 線上的牡丹水庫入口不遠處，多了兩顆璀璨的星星——「牡丹社事件

故事館」和「落山風風景特定區概念館」，採生態博物館的雙館聯展，串起阿朗壹古道，領人窺看遠在天邊的自然與人文。

遊客一進入牡丹天險位置，就能了解過去 100 多年來，在牡丹鄉境所發生的種種歷史事件，轉入牡丹水庫，置身「牡丹社事件故事館」，透過 AR 科技，結合虛擬實境導覽，讓人恍如置身歷史現場，重返 1874 年的牡丹社事件。

這處場域是由屏東縣政府與牡丹鄉公所合作推動的「牡丹社事件再造歷史場域計畫」的結晶，館內是百年牡丹的縮影，從原民生活展示、羅妹號事件、八瑤灣事件到牡丹社事件等史料盡蒐其中。

以展場導覽為例，當地族人共同討論內容，讓展示不再是單一論述，更融入在地意見與聲音，協助遊客以在地的視角，理解區域裡的風土民情。

「落山風風景特定區概念館」與「牡丹社事件故事館」比鄰，此館具有落山風貫穿所經鄉鎮的特色，民眾可在展區中聽到海浪拍打的聲音、看到半島山海的絕色美景、聞到野薑花的濃烈芳香、觸摸落山風地域特有的飛沙走石、棋盤腳、鴨蛋等，是進入半島的另一扇窗。🅿

與不同世代、
族群的觀眾，
共同演繹
當代屏東文化的底蘊
。

●連結→土地與記憶的
─────→文物館○

如果說屏東是一本大書，散居各鄉鎮的地方文化館舍就是書目或索引。

土地會長出自己獨特的樣貌，屏東的文化館依據地理區位的不同，自然而然發展出屏東市區的都會藝文館群、沿山地區的原住民文化館群，以及潮州與恆春半島的傳統藝術館群等三大文化路徑，各館舍如同地方的說書人，以不同形態的展現，說著不同時期的章節故事。

屏東現有 19 處地方文化館獲得官方奧援，地域涵蓋屏北、屏中到屏南，族群擴及眷村、閩南、客家與原住民等，其中，縣政府與屏東市公所共同經營管理的屏東美術館，扮演藝文推廣基地的角色，展演活動全年不斷。

藝文行旅可從屏東美術館出發，騎著 Pbike 慢遊，可及之處包括「將軍之屋」、「屏東文學館」、「阿緱地方文化館」、「邱姓河南堂忠實第」、「宗聖公祠」等，館舍的個性鮮明又獨特。

舉例來說，將軍之屋位於勝利星村基地內，阿緱地方文化館是從前「暗學仔」（夜校）轉換而來，成為傳統工藝與城市記憶的展示空間。

「宗聖公祠」是台灣規模最大、建築最富麗的代表性宗祠之一，兼具建築與工藝之美，與北埔「天水堂」並列為台灣南北最重要的宗祠。邱姓河南堂忠實第則以百年歷史的客家邱氏宅第為主，展現傳統客家四字型院屋，整修後的屋飾，重現大宅門的氣派。

從屏東市一路往南，自台 1 線或國道 3 號轉入潮州鎮，這裡除了著名的「燒冷冰」外，更是著名的「戲巢」，早期有多達 7 間戲院。

潮州更是歌仔戲天團明華園、「台灣紙影戲

之父」陳處世創立的樂樂紙影戲團、蘇家班的明興閣布袋戲等傳統戲曲的大本營，堪稱南台灣表演藝術的搖籃，走入「屏東戲曲故事館」，就能窺知 3 項傳統戲劇在屏東的演變。

恆春民謠在 2008 年列為屏東縣無形文化資產，慢慢的，彈琴唸歌成為半島人的流行，從楓港、車城、滿州到恆春，都有和著月琴的吟唱聲，走入古城門，恆春民謠館常可偶遇在練歌的國寶級阿嬤阿公。

總是早一步的屏東縣政府，已和中研院合作「屏東數位典藏」並開放上線，不論身處世界哪個角落的民眾，只要在電腦前用滑鼠一點或用手機一滑，屏東珍藏的文物、老照片便近在眼前。

為無形文化資產打造新家

針對恆春半島欠缺的文化展演空間，縣府規劃了民謠館及劇場館兩棟建築，民謠館內部除做為恆春半島的民謠推廣，設置聲音博物館，另提供 100 席閱覽空間及上萬冊藏書的圖書館供民眾使用，2023 年年初就可完工。

劇場館則包含 1 座 620 席的表演廳及 1 間 200

連結

結與

土地與

記憶連結

土地與

憶。

席的多功能會議空間，另包含商業及餐飲服務空間，於 2022 年動工。

有了現代化的展演空間後，國家級的旅遊勝地不再只有山水，與文化藝術展演成為雙翼，有助於半島觀光起飛。

此外，東港迎王平安祭典是國家重要的無形文化資產，屏東自 2018 年起推動王船博物館，館內有一艘比照一比一大小製作的王船，龍骨結構高掛在天花板，並透過科技打造迎王沉浸式劇場，永久保存迎王平安祭典百年文化。

2021 年年底主持動土儀式的縣長潘孟安勾勒出遠景，他說，博物館的建築外觀以王船形象呈現，用折線傳達海的樣態，上方的開孔則象徵王船的「龍目」，周圍圓孔猶如濺起的水花，嵌入能遠眺海岸的瞭望台，未來除了三年一科的迎王平安祭典，民眾平時也能進入博物館感受迎王魅力。

日本作家村上春樹的筆下，經常會出現隧道般的場所或路徑，而入口總是藏於日常生活中不引人注意的地方。在屏東，不論是館舍、創作、空間，只要能夠找到隧道入口，或許就可以覓得一條條逃逸路線，遁入另一個時空中，有機會不妨去找找看！ **P**

●土地→從不拒絕↓
———→任何種子○

　　美，在每個時代各有不同定義，拿掉美之後，剩下的是一種溫度。也許從文學上，也許從設計上，也許從藝術創作上，都會因為些許的觸動而停留。

　　過去，屏東的藝文活動有限且單一，除了屏東美展、大武山文學獎等藝文界盛事外，平時常見的是小型的親子 DIY 活動或畢業展覽。

　　如今，屏東的活動變多了，而且各有不同面貌，動漫展、音樂會、小型劇場、手作市集……，一到假日，不論文青風或親子風都有，人們趕場似的參加不同主題的藝文活動。

　　以「南國漫讀節」為例，現已是全台歷時最長、場次最多的閱讀盛典，更成為屏東專屬的閱讀品牌。

　　2019 年，南國漫讀節從「大武山劇場」出發，

創作者們席地而詩，分享關於閱讀、寫作、生活、感官和記憶的種種可能，主辦單位搭配 5 班「藍皮火車——列車上的書店」及 5 條「歷史走讀路線」，以跨界方式，述說大武山下的種種故事。

　　2020 年，以「向土地學習」的態度，閱讀屏東的風土生活，文化處一口氣舉辦 80 場講座，火車、咖啡館、屏東的山海都等同於書店，展現知識能量的無所不在，讓屏東不單是一個地方，而是對南國的各種想像。

　　2021 年，南國漫讀節透過「前往南方的閱讀派對」，大聲向島嶼宣告，「屏東是一本永遠讀不完的大書」，串聯屏東各獨立書店，從屏東市、恆春到小琉球，邀請民眾感受屏東這個充滿閱讀的城市。

　　除了年度活動外，喜愛藝文的朋友們開始習

慣到屏東縣民公園，因為每到週末假日，總有常態型的「沙龍音樂會」或「日落劇場」活動，享譽國際的優人神鼓，或屏東三地門的蒂摩爾古薪舞集和種子舞團，這些總得手刀搶票的一流團體，先後在縣政府支持下，免費進行各種演出。

市集則是另一種生活體驗，為了把美好的生活美學吹到城市的各個角落。文化處透過文創市集等形式，邀約各種私房美食、質感選物與手作職人設攤，讓大家在靜與動之間，演繹不同的氛圍。勝利星村亦定期舉辦的「舊好勝市集」與屏東總圖定期舉辦的「閱讀市集」系列活動相互呼應，並將常民的音樂、舞蹈、創作帶入生活，讓文化成為日常的美麗。

為書裝翅膀，漫步在雲端

人，會老去；物，會崩壞；地，會變形。唯有文字，會陪伴一個人到天涯海角；唯有思想，能為經常重蹈覆轍的人類點出方向；唯有智慧，可在軟弱無力的當頭，獲得再次出發的勇氣。

據說，世界第一本書是蘆葦製成的紙卷，這本書叫作《死亡之書》，是西元前 1500 年至前 1350 年在埃及製作而成。

數位化將人類推向第三次工業革命，其中，閱讀行為徹底被顛覆。

存在千百年的書籍生產，從產出、運用、保存到對話等模式，出現結構性改變，讀者在互動式的閱讀型態下，已可以左右書寫內容，甚至融入其中成為創作者，而現代圖書館更讓讀者可在世界任何一處角落借書、還書。

書籍，不只有紙本。借書，不一定要進圖書館。深夜，照樣能借還書。

屏東縣政府自 2015 年開始引進台灣雲端書庫，借書人只要憑著手中的 3C 載具就能申辦借書證，透過虛擬和實體世界的結合，讓圖書館不再只是「一座」圖書館，而是將閱讀的領土擴展到無邊無際的網路世界。

雲端書庫的優點剛好可以彌補屏東的區域、時空等落差，就連旅居外縣市的屏東人，都能進入屏東的雲端書庫借閱。

此外，屏東縣幅員遼闊，由北到南共約 112 公里，但藝文展演場館多集中在屏北地區，為讓展演能貼近群眾，縣政府於 2015 年開始推動「藝術下鄉展演計畫」，表演內容含括傳統布袋戲、歌仔戲、兒童劇及大型舞台劇等，讓 33 鄉鎮縣民皆可就近接觸藝文。

此外，在數位浪潮下，縣府將科技結合藝文，自 2019 年起，啟動閱讀屏東系列計畫，力推 33 鄉鎮圖書館全面 E 化與使用 App 借書，整合

線上閱讀及數位學習資源，推出「親子 e 書庫」一站式閱讀服務，超過 30 萬冊電子書及電子期刊供民眾免費借閱，E 化的做法正好在疫情下，讓無法出門的民眾可以進行線上閱讀。

至於屏東總圖整建期間，寄存於科工館中那些超過 3,000 多件，涵蓋閩、客、原等跨族群的典藏，將在屏東菸葉廠轉型博物館群後，成功達成實體、網路博物館同步典藏。🅟

讓文化成為
日常生活中的
美麗。

191

教育 ②

學習認識自己，認識周邊的人事物，進而能在劇烈變動的環境下適度發展，才能讓人人成為更好的自己。

讓每個人成為自己

「不僅僅是語文，還有自然科學、算術、體操、音樂，這些都是深刻了解自己、與他人交流的語言。為了學習這些，無論是什麼時代，孩子都是要去上學的，」諾貝爾文學獎得主大江健三郎反覆思索下，寫下了《為什麼孩子要上學》。

身處資訊爆炸的年代，3C 產品帶來洪水般的資訊，讓學習機會變得平民且可及，但若將資訊當作知識看待，卻是一大危機，唯有透過全面性、系統性、有效性的學習，加上自我思辨的能力，才得以將知識內化，成為由內而外的力量。

學習只是成長的一種手段，除了課堂上的學習，走出教室，「好鳥枝頭亦朋友，落花水面皆文章」，天、地、人都是課本，也是老師。說到底，人生遭遇每個問題的背後，都是一個學習的過程，學習認識自己，認識周邊的人事物，進而能在劇烈變動的環境下適度發展，才能讓人人成為更好的自己。

位於國境之南的屏東縣，教育資源明顯不足，尤其是硬體設備、偏鄉師資的穩定度等客觀條件，都遠不如都會地區的學校。

因此，近年來，屏東的教育政策走的是「軟硬兼施」，讓學習變好玩。

在軟體課程推動上，不再盲目追趕主流教育，反而回溯在地的風土特色，發展本位課程，從客家的沉浸式學習到原住民的自編教材，就是要讓各校依照所在地區的人文、地貌、特色和文化，發展適合自己的知識系統，讓學習變的更好玩。

在硬體建設部分，加速舊校舍的補強與更新，添購現代化的教學設備，推動網路代替馬路，頻寬載具加寬加大，不論部落、農村或漁村，所有的網際網路都能暢行無阻。 Ⓟ

在這處校園裡，
每個人都是天生舞者，卻總與自己錯過，
老師透過擺動身體，
讓每個人找到自己的不一樣，
知道自己的能與不能，
學會欣賞自己，才是最重要的。

身體的思考是渾然天成的，
而武術則是一門獨特運動，
稚氣未脫的孩子們齊聚練功，
下課前，
七歲的孩子們學會了抱拳「充電」，
拳頭像火箭朝不同方位「發射」，
而親密的師生關係亦正在發酵，
自然的熟成中。

究竟，藝術的力量加上身體的力量，
能否成為相信自己的力量，
尚需長時間的實踐、修正與觀察，
至少，在大成國小的教室裡，
一顆顆閃爍的眼神、一張張微揚的嘴角、
一次次再試試的動作……
已隱隱的透露出些許答案。

身體學會的
↓ ↓
誰也
↑
拿不走 ○

在科學上，為了驗證某種假設，
需使用不同方法反覆試驗，觀察其變化，
偏鄉小校大成國小，
正在台灣南端進行一場實驗教育。

●為→下一代↓　蓋一所———→好學校○

距離大海不到 10 公尺的鯨魚小學就在屏東。加祿國小枋山分校已有 70 幾年歷史，縣政府以 1 年時間重建使用逾 30 年的教學大樓，改以鯨魚小學的樣貌再生，要讓海的孩子在自然的氛圍裡成長或跌倒，進而從中學習，這是新校舍設計時的想望。

以ㄇ字型工法抵擋落山風，在馬賽克藝術牆融入海味，採鯨魚意象為誘因，讓孩子們爬上 2 樓就能看到大海，而在鯨魚背上溜滑梯，則是專屬濱海國小學生的特權。

揮別老揹少，型塑在地風

學校，是孩子們第二個家，但屏東縣 33 鄉鎮超過兩百所的國中小學，共 790 棟校舍，其中有 1/4 是超過 30 年以上的建築體，一旦地震或風災來襲，將對師生構成極大威脅。

縣長潘孟安直指，過去屏東校園的校舍整建因牽一髮動全身，舉凡整建期間學生安置等校園安全，都是主管單位卻步的阻礙，若無縝密的全盤規劃，很容易出現安全或管理的風險。於是，各校普遍解決眼前問題，壞一個修一個、損一項補一項，一間一間來，久而久之，校舍像貼狗皮膏藥一般，其中，最常見的校園整建是「老揹少」，因各幢校舍整建年限不同，所以樣貌各異。

破壞是重建的開始，潘孟安一上任就集中火力，全力啟動屏東的新校園運動，以「為下一代蓋一所好學校，為上一代留下一點回憶」為出發點，全面進行老舊校舍汰換、整建或補強。

「人類無法超越自然，而是取法自然；直線是人為的，曲線則屬於上帝，」這是西班牙建築大師安東尼·高第（Antoni Gaudí）口中的建築。這樣的美學概念也被放進屏東的校園裡，

山也好，海也罷，新建校舍工程以安全為前提，堅持融入地方紋理，就這樣，一座座充滿在地氣息與線條的建築，在屏東各個角落成形，校舍看起來，終於不再只是一個樣了。

以百年的南州國小為例，新校舍融入農村特色，有稻米意象的圓弧 2 樓陽台、穀倉造型的社區共讀站、綠色環保的太陽光電能板，以及象徵農村居民緊密感情的迴廊建築，搭配公共藝術「校園一隅」及「小橋晨光」，相映南州地區的風光。

凡此種種的特色校舍，如雨後春筍般，在全縣各地長出來，除了師生外，就連晨昏到學校運動的家長們，也明顯感受到轉變。

魔鬼藏在細節裡，感受廁所美學

若校舍是一本大部頭的書，廁所就是讓人意料之外的別冊，因為魔鬼就藏在細節裡，能從廁所看到不一樣的門道。

在屏東的新校園運動中，廁所改建是另一個重點任務，縣府針對 20 年以上的老舊廁所進行整修，決心要讓學生揮別暗沉濕滑、破損掉漆的陰暗角落，取而代之的是，讓廁所成為可以自在行動的美學空間。

這樣的轉變，得從小男孩上廁所的黑色經驗說起。

40 多年前，有個就讀國小的小男孩，一到下課就得拚命衝向校園另一端，因為廁所太遠、下課時間又短，一條溝式的廁所臭不可聞，得忍到不能忍才衝去上廁所，直到衝出廁所才能吐氣，對他來說，上廁所是不得已的下下策。

40 多年後，這位小男孩成為屏東縣縣長，跑廁所的負面印象讓他決心揮去學童的夢魘，潘孟安說，除了不讓學生在不安全的教室裡上課，更不能讓孩子們害怕上廁所，於是，改建老舊廁所亦是新校園運動的任務，要讓校廁如不同姿態的蝴蝶，在各鄉鎮翩翩起舞。

「廁所只要乾淨就好，不如多放點心思來添購設備？」對此，潘孟安持不同看法，他認為，將美學融入設計需要的只是用心，如果學校連在細節處都能用心，自然能獲得家長及學生的支持與信心。

「屏東學校的廁所很有特色，要記得去上一下，」身為主人家，潘孟安除了校舍建築外，總不忘提醒訪客去廁所逛逛，只是來客常常拍了照，反而忘了要辦的「正事」，潘孟安笑著說，並不是要大家去廁所打卡，而是在蹲廁所的同時，也能順便認識屏東。

屏東校園廁所的特色數之不盡，信義國小是

一座座充滿在地氣息與線條的建築，在屏東各個角落成形

整片的銀河星空、仁和國小將可愛白鴨變身廁所門板、豐田國小的廁所則是很有森林感、潮昇國小的蝴蝶馬賽克拼貼牆，讓心也跟著繽紛、公館國小將哲學詩句及書法文學化為裝置藝術，以國畫渲染牆面；山海國小的廁所入口還有燈塔造型……，每所學校都用在地語彙或符號來說自己的故事。

最特別的是，高樹國中有一間先進的廁所，這裡的獨特不在昂貴的設備，而在觀念的領先，這處曾發生「玫瑰男孩」事件的校園，廁所圖騰跳脫高跟鞋與西裝等傳統符號，在男生廁所入口鑲著「玫瑰」圖樣，女生廁所外則標著「大樹」的標誌，不分男廁或女廁，從色調、隔板、天花板到地磚都是統一色調，象徵人人都可以像玫瑰般溫柔美麗，個個都可像大樹一樣可靠。

這一款屬於屏東的廁所美學，已在全縣的校園蔓延開來。

修繕公教宿舍，留人又留心

校舍安全了，等著偏鄉教師回去的處所，卻是破舊簡陋的宿舍，遠道而來的老師們，要麼自掏腰包在外租屋，要麼以數饅頭的心態度日，只要外調機會一來，便頭也不回的轉身離去。

「老師，再見！」暑假前師生的最後一句再見，在開學後經常跳票，因為老師已經調走，再也見不到面。

一次次的失望，讓學生在放假前，總會多問一句：「老師，下學期還看得到你嗎？」家長頻頻反映，每學期就換一次老師，光是師生磨合就得花掉大半時間，遑論正常學習，可這偏偏是普遍存在偏鄉學校的真實困境。

屏東縣偏遠國中小共有 130 所，占全縣學校比率 64.04%，甚至出現每年教職開缺 2、30 人卻仍招不滿，或是甄選上後沒人來的窘況。來自偏鄉的潘孟安清楚這種無奈，長期奔走，想盡辦法讓老師留下來，確保學生的受教權。

為了降低流動率，縣府團隊對症下藥，其中，恆春不符合離島及偏鄉加給標準，潘孟安即以縣款補貼公教人員交通和住宿費用，展現對偏遠教師的尊重與誠意。

此外，縣府全面盤點恆春半島、原鄉和離島教師宿舍，以恆春地區的調查為例，外地調派服務老師有近 450 人，在外租屋的就多達 170 人，縣府介入解決教師的「房事」問題，積極媒合住宿空間，同步推動全縣 37 校 54 棟偏鄉宿舍的改善，屏東縣縣長潘孟安說：「只有老師住得放心，才能安心教學。」

為補足宿舍數量不足的問題，縣府爭取經費，分別在枋寮地區、枋山地區、恆春地區、滿州

地區及來義高中等地興建教師宿舍，共計超過兩百間。以枋山鄉為例，各校教師宿舍超過 30 年，縣府在廢校多年的加祿國小成功分次啟動興建教師宿舍計畫，設置 20 間套房，讓老師住得更好，孩子不用煩惱老師常常換人的問題。

此外，也成功爭取枋山、車城、滿州及恆春等半島 4 個鄉鎮公教人員納入偏遠地區加級適用範圍，在 109 學年度正式實施，讓教師的福利更加完善，縮小城鄉差距。

找回失去的 2 公尺

體育設施的強化亦是縣府施力的重點，其中，最具指標的是，屏東縣立田徑場短缺的 2 公尺。

一切得從 1999 年，台灣區運在屏東縣舉辦說起。當時為了這個重大賽事，屏東縣政府興建縣立田徑場及看台等設施，後來赫然發現，跑道竟然少了 2 公尺，未達 400 公尺標準，讓屏東始終無法承辦大型賽事，這是體育界多年來難言的痛。

然而，錯誤的歷史必須被修正，縣府爭取近 6,000 萬元經費，翻新跑道、看台、闢建足球場，更在 2017 年底，將短少的 2 公尺補回來，自此，終於迎來了 2020 年全國中等學校運動會等大型賽事，回到屏東舉辦。

在各種體育項目中，舉重是屏東體育的強項，不僅在全中運得牌連連，為提供選手完善訓練場域，也在建國國小設立舉重訓練中心。

屏東的滑輪溜冰亦不斷在全國甚至國際賽事中締造佳績，其中，潮州溜冰場是培育金牌選手的基地，屏東縣政府特別選在潮州打造亞洲第二座，也是全國首座半室內拋物線型 200 公尺賽道溜冰場，以及 400 公尺溜冰公路賽道，可容納 1,200 個觀眾席位，接軌國際標準，要讓選手們在屏東飆速競技。

此外，縣府亦同步更新潮州運動公園室內羽球館、戶外籃球場等場地，串聯既有的公園步道整合成園區，讓更多朋友加入運動行列。🅟

接軌國際,
飆速競技!

開始一趟奇妙的

學習旅程。

●少子化危機的 ↘ ──→回→春術○

失去學生的學校，除了停辦或整併外，難道沒有其他的路可以走？

少子化與高齡化的不可逆趨勢，讓各級學校亮起紅燈，屏東縣有 163 校國小、15 所分校，因應學生數減少，2020 年 8 月起，有 1 所國小、2 所分校、2 間分班停辦，還有 1 所國小改制分校，是屏東縣 16 年來最大規模的小校整併，2021 年則有佳冬鄉大新國小停辦併入昌隆國小。這些現象就像內出血，明知道血液正在流失，卻很難具體做些什麼。

沿著國道 3 號南州交流道而下，這是屏東轉往恆春的必經關口，一下交流道銜接台 1 線，便可直通海天一色的恆春半島，而位在樞紐位置的新埤鄉，則是個讓人容易直接路過而錯過的小鄉，其實，自交流道約莫 5 分鐘車程就可抵達大成國小，但這所校園卻因跨不過學生流失的檻，面臨裁併命運。

但，一個意想不到的轉機，讓大成國小走向截然不同的命運，背後關鍵性的靈魂人物，是雲門舞蹈教室董事長溫慧玟。

公辦民營，讓教育有不同想像

沒辦法還是得想辦法，屏東縣政府四處奔走，就是不肯放棄大成國小，沒想到，副縣長吳麗雪意外找到溫慧玟等貴人居中串接資源，才得以敗部復活，最後情勢逆轉，由財團法人臺北市關渡文化藝術基金會出面，接下藝術實驗教育的計劃。

2021 年 9 月 1 日是國小的開學日，亦是 60 歲的大成國小轉型後的新生日，目前 1 年級共有 12 名新生。

開學日，溫慧玟著軟鞋來回走在廊間，輕倚在教室的後門或窗邊，觀察師生的互動，好不

容易在廊道坐定，兩、三個孩子離開教室奔到另一頭，她的眼神跟著飄走，嘴裡嘟囔著說，「應該是去上廁所吧！」直到躍動的身影又衝回教室，心，這才定下來。

理著一頭短髮的溫慧玟，不斷用手帕拭汗，正努力適應屏東的高溫，在她的奔走下，串起屏東×雲門舞蹈教室×北藝大，以藝術實驗教育為主軸，開始一趟奇妙的學習旅程。

真是應了《牧羊少年奇幻之旅》裡的那句：「當你真心渴望某件事物，整個宇宙都會聯合起來幫助你完成。」短短半年時間，在繁瑣又複雜的法規、庶務、作業下，雙方找出公私協力的模式，成為屏東縣第一所以藝術為主題的公辦民營實驗小學。但從另一個觀點來看，要不是時間匆促，若按照正常程序，完整做完理性的評估，這個夢或許就只是夢而已。

除了大成國小，屏東另有兩所公辦民營學校，第一所是高樹鄉大路關國民中小學，由福智文教基金會辦理，推動各種生命教育；第二所是新埤鄉餉潭國小，由屏東縣慧光圓通普賢文教基金會辦理，將生態教育融入課程中。若加上推動生活藝術的大成國小，彷彿串起屏東縣推動生命、生態與生活的3種不同卻典型的教育樣貌。如今播下的種子，需假以時日，才能知道是否會破土而出，冒出新芽。

教育不是為了少數人而存在，反而需像漣漪般不斷向外擴大，縣府除了透過公辦民營學校，嘗試新的教育模式與邏輯外，發展漸趨成熟的人本教育模式，亦透過特色學校的辦理，帶領孩子在教育的大環境中，找到適合自己的圓圈。

特色學校，十八般武藝全都通

本身就不是典型乖寶寶的縣長潘孟安，十分鼓勵學生盡可能探索自己。他認為，天馬行空正是孩子的優勢，把書讀活才能真正學習。當領航人跳出了框框，他所帶領的教育列車自然能容下充滿性格的車廂。

如今，屏東特色學校的發展項目廣闊，從天文、生態、機器人、單車、書法、童玩、水域……，只要有人能教、孩子肯學，又能言之成理，探索便沒有極限；甚或，縣府帶頭創新，主動發展長照、農事等課程，就是要打破教育框架，讓孩子學到書中沒有的知識。

誰也沒料到，資源有限的屏東囝仔，居然能在科普教育領域一把罩，正因什麼都沒有，反而逼著孩子動腦，一個個成為創意 Maker，就連在「世界機關王大賽臺灣賽」、「全國智慧型機器人創意闖關比賽」或其他科展競賽中，屏東的孩子照樣把獎牌帶回家。

其實，學習常常是一種感染，大人帶頭做，

孩子們看著看著就跟上了。屏東縣政府率先引進全國首位公務機器人 Pepper 進駐府內，這位數位公務員化身行動學堂小老師走入校園，為學校裝上創意驅動器，就這樣從都市、農漁村、原鄉到離島學校，冒出一株株科學嫩芽。

「我們追求的教育理念不是把孩子教成組裝機器的高手，而是成為會思考的創意 Maker，為故鄉解決問題，」推動機器人科技教育多年的同安國小老師溫昇泓說。

落實動手做與探究問題的創客教育，隨著設在明正、南州、潮州、車城等 4 所國中的自造教育及科技中心，拓展到全縣，光是種子教師就至少養成逾 70 位，成為全縣推動自造與機器人科技教育的最有力後盾。

以 2021 年啟用的車城自造教育及科技中心為例，該中心定位在教師培育中心與課程創發中心，進一步協助服務區的學校，推動科技領域正常化教學，發展各具特色的校訂課程，培養學生動手「做」、「用」科技、「想」方法、合「邏輯」、有「系統」的核心素養，最重要的是，養成學生解決問題的能力。

在數位科技的基底上，各個學習領域都能導入教育系統，以明正國中為例，學生為預防失智長者走失，設計了開門警示的 App，這項研發證明，科技只是一種工具，最終還是回歸人性關懷，而同安國小製作的稻草人機器人，亦著眼在替農民驅趕鳥禽。

如果不喜歡做機器人，來觀星也很好。屏東

在世界的流變中，
找到自己定位。

擁有無光害的絕佳觀星環境,發展天文教學再合適不過,中央大學鹿林山天文台於 2016 年通過「國際天文學聯合會」(IAU) 鑑定,從此,在天空有顆以屏東為名的小行星——PINGTUNG。

縣政府結合縣內 17 所學校成立天文聯盟,從設計教案到開發教具,更積極培育天文種子教師,打造屏東「星」亮點。這些天文學校的師生們,只要抬頭仰望繁星,多能輕易指出各行星的相對位置。

位在萬年溪畔的建國國小,正是全縣天文教育的大本營,原本閒置空間轉身為天文館、星象館、實驗室、Maker 教室及展覽場,其中,最為星迷稱羨的「星座之王」就設在學校的天文館內,每周定期開放給天文迷觀測或讓各學校參訪,校內學生則化身為上通天文的星象解說員,盡情分享滿腹的天文知識。

探索教育,讓孩子真正認識自己

屏東縣境的地貌豐富,尤其是離島或偏鄉,自然資源充沛,校方將焦點放在探索教育。琉球鄉的 4 所學校串聯,舉辦畢業生划獨木舟活動,畢業生如同海軍陸戰隊員結業前,須先通過天堂路的考驗,這些海之子也透過大海來試煉自己,當作一種對自己、老師與學校的致敬。

此外,縣府正在枋山規劃興建「戶外教育探索基地」,預計透過溯溪、攀岩、野外紮營、觀星等多元戶外探索體驗活動課程,讓學子走出教室,以大自然為師,在磨練心志、能力與耐力的過程中,學習獨立、合作與環境適應力。

至於找不到自己方向,對未來感到徬徨的青少年也不必擔心,教育處在中正國中設立區域職業試探與體驗示範中心,分成設計職群和餐旅職群,結合高職專業老師授課或舉辦營隊,讓學生運用 AR 和 VR 科技來探索屏東山海,再用 3D 列印設計文創商品,就連咖啡廳也能進行在地料理實做,讓學生在世界的流變中,找到自己的定位。

另一所職探中心設在東新國中,透過擬真的職場體驗場景,搭配操船模擬系統、貨櫃輪及漁船模型、水族造景缸、水族生物加工擺飾、烤箱及半自動封罐機等設備,給學生試探船舶製造及操作、水族景觀設計、果蔬加工、烘焙坊西點等工作與體驗,提供中小學生職業試探的機會。🅿

●100% 屏東↓
──→智慧校園→啟動○

　　世紀之疫 COVID-19 的大舉入侵，讓全球陷入停機狀態，遠距教學成為教育現場的一大考驗，屏東縣政府推行多年的「網路替代馬路」正好派上用場，在最困難的時刻，順利接軌線上教學。

　　2021 年 5 月 19 日，是教育史的新頁，因為這是因應疫情中停課不停學，線上教學的第一天，縣長潘孟安化身為學生，進入線上課堂和學生共同學習，長興國小學生一連線就看到縣長變成同學，直呼：「嚇死寶寶了！」

　　數位浪潮正在改寫教育現場的樣貌，早在中央推動軟硬體數位教學環境及校園網路光纖化的布建時，雖然教育部僅補助 55% 班級數，當時，潘孟安為拉近城鄉距離，決定將建置普及率推升至 100%，實現「網路代替馬路」的構想。

　　屏東以 3 年時間進行國民中小學校園數位建設計畫，不分城鄉或離島全面建置，以科技輔助自主學習，建構行動學習環境，全縣 205 校共 2,602 班，班班有平板、校校有觸控式大螢幕，處處皆是智慧網路校園，讓知識流通更加快速且即時，啟動 100% 屏東智慧校園。

　　在屏東市郊的公館國小課堂上，老師剛問完題目，學生馬上用藍芽筆寫到螢幕進行搶答，還有 Google 大神當後盾，同學們都說：「上課真的變好玩了！」

　　而在屏東的鶴聲國小、琉球國小、車城國中及枋寮高中，縣府也建置了遠距同步互動研習教室，突破地理空間限制，提供遠距雙向互動的研習課程服務；另為協助學校推展資源教育，屏東縣建構綠能雲端資料中心，收攏高、國中與小學的資訊資源，使各校在資安無虞下，透過雲端快樂學習。

校園環境改善不只是硬體的建設，課後照顧至下午6點，是另一種對弱勢家庭的軟性關懷，縣府幫忙家長一起擔負學童的照顧，使其可以安心就業。

開辦國小課後照顧班

以農漁畜牧業為主力產業的屏東縣，普遍存在隔代教養問題，小學生下課後，距離家長下班時間仍有段差距，無力負擔安親班費用的家庭，不知道在這段空窗期，要把孩子送到哪裡好？更出現不少學生下課後流連網咖等現象，因此，縣府決定針對縣內幼兒園與國小開辦課後照顧服務，減輕家長教養的負擔。

屏東縣公立國小全面開辦課後照顧自放學到下午6點，不只讓孩子寫功課，更讓孩子學才藝、玩社團，在課後吸收課本沒有的知識。

教育處指出，自104學年推動以來，在學校和非營利組織共同努力下，課後照顧班普及率已接近百分百，目前嘉惠超過6.5萬名學子，每學期照顧近6,000位孩子，對於有迫切需求的弱勢家庭也提供全額補助，共占參與人數的59%，孩子放學有去處，家長們也能安心上班。

縣政府另自2013年開始，與純青基金會結合，在全縣開設「純青學堂」，初期從3間學堂逐年拓展，截至2021年已設立25處據點，最北從高樹鄉新南國小，最南延伸至恆春鎮恆春國小，擴及13個鄉鎮，對偏鄉的弱勢家庭伸出援手，服務超過1,000多位弱勢家庭孩童。

隨後，更將課後照顧延伸到國中，關懷家庭功能薄弱的學生生活及課業輔導。全縣計有17所國中105位學生，北至里港、九如、高泰、高樹，南到枋寮、恆春，透過國、英、數領域的家教班，強化學生課業，並關注青少年的內心世界。🅟

●大膽——→走出去，
——→世界走進來○

在全球化與數位化的浪潮下，世界成為生命共同體，國際觀是必要的生存技能，在國際學生能力評量計畫（PISA）中，被稱為「全球素養」的能力包括探究世界、學習理解不同觀點、與多元背景的人溝通，以及適應變動，這些是世界經濟論壇認為 21 世紀人才的必備能力。

但，國際化是什麼？會說流利的英文？經常到不同國家旅遊？還是出國留學或遊學？面對敘利亞難民、英國脫歐、俄烏戰爭等，這些其實與我們密切相關的重大事件，台灣的學生知道幾分？觀點為何？影響多大？到底該如何引導學生，讓孩子們了解並關心世界發生什麼事，進而對這些事情產生獨立的觀點。

尤其 COVID-19 疫情的發生，讓世界各國形成一種生存與共的臍帶關係，沒有地方可以自絕於地球村之外。

屏東縣教育處坦言，過去國際教育偏重在英文力的培養上，但英文只是溝通的工具，國際教育範疇既大且廣，必須在認識自己土地為前提，培養學生的國際素養，進而成為國際公民的一分子，每個環節缺一不可。

事實上，這幾年屏東縣的國際教育持續推展中，尤其是偏鄉小校，積極投入國際教育，縣府協助各校，依照其特色與條件，主動向教育部提案，爭取經費及外師資源，透過以小博大的方式，強化學生的國際視野。

養成國際素養，成為世界一員

以教育部推動的「國際學伴」計畫為例，鼓勵各校主動提出教案，若經教育部審查通過，會給 10 到 15 萬元不等的經費補助，並聯合國內外籍大學生與國中小學生，每週透過視訊及其他交流活動，加強中小學生的生活化英語學

習,讓偏鄉國中小學有多元學習機會。

這幾年,從高樹鄉的新南國小到長榮百合國小、萬安國小、以栗國小、丹路國小等偏鄉學校的參與,透過每週一次視訊課程,抹去地域、國籍、文化的界線,透過交流,看見彼此的存在,每學期會舉辦一次相見歡的文化交流活動,讓本地學生與外籍生跳出電腦螢幕,面對面互動,感受彼此的溫度。

為強化整體競爭力,縣府設立「國際教育暨英語教學資源中心」,整合屏東縣各級學校國際教育與英語教學的發展。此外,在全縣英文教育的推動上更加生活化,在暑假舉辦的「屏東縣全縣英語記者營」、「全縣英語夏令營」、「國際志工返鄉教學服務活動」,都是以不同的象限步入國際教育。

近幾年,屏東運用大手攜小手和衛星學校及重點培力學校,讓外師巡迴教學,每所學校都

具備全球視野。

能運用外師資源，整備雙語與國際教育教學模式，讓師生不必出國，也能具備全球視野。

　　屏東縣政府積極向全球招募英語教育人才，透過外師融入生活情境的全英文教學，搭配體育課、平板跟智慧白板等多元課程，讓孩子從小培養兩種語言以上的能力，最重要的是產生對外語的興趣，學起來才能快又好。

　　以 2022 年為例，縣府規劃 57 位外籍教師到屏東各校園教學，包括美國、加拿大、南非、英國的外師投入教學。每位外師除了在當地需具備教師資格，在屏東還有嚴謹的考核制度，確保教學品質，縣府也彙集雙語版的「屏東縣外籍英語教師工作手冊」讓外師參考。

　　此外，在「屏東科技園區擴區計畫」中，也為接軌國際做準備，投入 9.3 億將在地學校改制實驗學校，並設置雙語部供屏科員工子女就讀。

　　科技部已做出評估，屏科園區將有 6,700 名相關人才的需求，學者建議，未來可以籌組屏科產學聯盟，與周遭學校、公司共提產學合作計畫，並成立太空科技專班，從高中、大學到研究所，培養各階段工程人員，透過保證就業、薪資保障，培育未來太空科技人才。Ⓟ

共融

③

壯

落實「老有所養、壯有所用、幼有所學」，讓老中青幼都能在屏東好好生活。

笑聲，是最好的 → 融合劑

幸福是什麼？我的幸福在哪裡？「烏托邦」的理想地何處可尋？這個大哉問人人答案皆不相同，但或許，幸福是有跡可循的……。

在日本神戶市，有座著名的幸福村，占地 205 公頃，位處綠意盎然的森林裡，紅屋白牆的建築仿若歐風小鎮，這個處所是以援助高齡者、身障者的自立為目的，將被照顧者融入大眾休閒空間的區域型長照機構，兼具全面的遊憩功能，達到社區共融。

身為農業縣的屏東，又該怎麼面對高齡化、少子化等社會結構的轉變，讓男女老少、鰥寡孤獨，都能找到屬於自己的幸福？

答案就是「以人為本」的全人環境，務實看待每個人民的需求。

「安居大社區」像是屏東施政的定海神針，8 年內，全縣 33 個鄉鎮市共 443 個村里廣設 384 處關懷據點，「一村里一據點」讓長輩在熟悉的環境下安老，結合青年返鄉、產業招商、長照社福、多元醫療與健全交通等貼近人心的做法，落實「老有所養、壯有所用、幼有所學」，讓老中青幼都能在屏東好好生活。●

二○二二年，

不論什麼樣的人，

都可以在屏東找到自己。

不同主題的共融公園遍及三十三鄉鎮，

整座城市都是孩子的遊樂場。

身心障礙朋友搭著復康巴士上山下海，

銀髮族享有多元照護系統，

產婦有月嫂特攻隊協助，

弱勢兒童有免費課後安親照顧，

區域家庭福利服務中心守護高風險家庭。

建構一張社會福利安全網。

為嬰幼兒到長者，由家庭到社區，

屏東積極打造多世代的全人服務，

論財力，屏東人均所得不比其他縣市高；

比建設，屏縣沒有櫛次鱗比的高樓大廈，

從外在條件來看，屏東並非完美，

但在這裡，男女老少、鰥寡孤獨，

都有追求幸福的權利。

●每個 ↖
靈魂都有 ←
↓歇息 ○←
的地方 ○

●整座→屏東都是↓
　　　孩子的→遊樂園○

少子化浪潮來襲，加上六都成立後的磁吸效應，全台皆提供生育補助欲留下新生兒，屏東卻是唯一未發放生育補助的縣市，縣長潘孟安坦言「心裡很掙扎」，但為避免與鄉鎮補助重疊，決定把錢花在刀口上，將經費整合、加乘再放大，集中火力在育兒照顧上，要讓孩子好好的玩。

在沒有 3C 的年代，孩子藉遊戲來探索身體及環境，爬、走、滑、溜等遊戲過程，刺激肌肉發展，訓練身體協調能力，每一次遊戲和玩樂，就是一次成長與鍛鍊。只是，在不知不覺中，我們身邊的大型溜滑梯一座座消失，能大幅擺盪的鞦韆越來越少，取而代之的是低強度的罐頭遊具，不論去哪個公園玩，都是換湯不換藥的單調無趣。

玩，是孩子最重要的功課，童年，就該肆無忌憚的玩，讓孩子在安全的遊戲空間裡找到玩伴，還能跟父母培養感情，這種幸福感就是在投資孩子的未來。

於是，一座又一座的共融公園在屏東 33 鄉鎮誕生。

不回家，不回家，我就是不回家

「媽媽，我可以看到好遠的吊車，趕快幫我拍一張照片，我要傳給校長看！」靜不下來的陳璿，看到金字塔式的雙塔遊具，立刻被激起挑戰欲，剛升上小學 3 年級的他，身手矯健的在鋼網繩索間穿梭，後頭幾個小同伴雖有心想跟上，但轉瞬間他已抵達塔尖，開心的仰望藍天，在底下的媽媽看到這一幕也顧不得腳軟，頂著逆光，趕忙替兒子拍下登頂的燦爛笑容。

「潮好玩幸福村」腹地 6.35 公頃，園區內有一個占地 3,000 坪的全新自然冒險共融遊戲場，

共有 10 餘項遊具被植栽包圍,假以時日,待樹木抽高後,這座會長大的遊戲場就會變成森林裡的兒童樂園。

其中的指標遊具是「雙塔攀爬網」,可讓喜歡爬上爬下的孩子化身蜘蛛人向上衝,而身障者也可以在塔底,透過交錯的鋼索伸展肢體,是一款共融遊具。

為了還給孩子真正的遊戲空間,屏東縣政府力推一鄉鎮一特色遊戲場,2022 年年底前,33 鄉鎮不論山、海或離島,特色遊戲場遍地開花,整個屏東都是孩子的遊樂園。

屏東的孩子們假日流行什麼?就是刷公園,33 鄉鎮各有屬於自己特色的共融公園,一到休閒假日,囝仔王就會一站玩過一站,要把屏東的共融公園玩一輪才肯罷休。

共融公園能擄獲孩子們的心,是因為屏東共融公園採分齡、分區、多語,且著重無障礙空間、自然元素、遮蔭設計等整體條件,讓人們可以跨越年齡、突破身體限制,達到共處、共學、共享、共玩。

孩子的遊樂場,就讓孩子自己設計

這樣的改變其實歷經思考、討論到付諸行動,突破一個接一個難關,最後的關鍵轉捩點來自

和平公園共融遊戲場。

這處利用原有地形、地貌設計興建的特色公園,是南部最大、特色遊具最多的共融遊戲場,它最特別的地方不在看得見的遊具,而是蘊含其中的概念,社會處處長劉美淑特別找來遊戲場的主角,邀請13位小朋友親自參與設計過程,投入共融遊具的發想,未曾聞見的行動,讓小朋友在離開前忍不住問了一句:「這些想法真的會做嗎?」

後來,當孩子們看到自己畫的動物、想要的沙坑、溜滑梯與鞦韆⋯⋯,各種從天馬行空的想像,一個個盡現眼前,全都興奮的像脫韁野馬在公園奔跑,大人也在一旁跟著跑。看著這一幕的劉美淑笑著說,「大人信守了對孩子的承諾,努力實踐這些想像,讓孩子們的想法成真。」

挑剔的小設計師們,對於自己的作品意見可多了,用黏土和冰棒棍做出水道迷宮模型圖的佑廷,從小就愛動腦做東西,水道迷宮雖是靈機一動想出來的,但只花 1 天時間就能做出模型,等公園完工後親身體驗自己的設計,玩了無數次,最後,如同小大人說,花灑的水量應該再小一點,改成水霧會更好,這樣才不會很快濕透,可以玩更久。

自己設計的滑水道在安全性考量下最後沒做

我們
的

遊樂場 →

！

處處 ←

都是 ↖

出來，讓佑廷耿耿於懷，他用童稚卻成熟的語氣表示，「大人總是說危險、危險、危險，我知道怎麼說服他們，其實很簡單啊，就是做好安全，用軟墊排排圍著就好。」

除了實現孩子的夢想，劉美淑還想要更多，她事前徵詢不同障礙類別的身障朋友，傾聽他們的聲音，當輪椅族搭上特製鞦韆，脫離地板的瞬間，忍不住大喊，「原來這就是盪鞦韆的滋味！」

至此，屏東縣第一座讓社區兒童自主表達意見的公園誕生了，最重要的是，還同時滿足了男女老少與身障者的需求。

這個領全國之先的做法，落實在屏東社會福利綜合館的和平共融公園，大人、小孩、身障者及高齡者都能在這裡盡情暢玩，平均每月約有近 3 萬人次造訪，成為各縣市政府、民間團隊參訪取經的熱點。

點燃了火種，共融公園就像跨年煙火，每一次的綻放都引來讚嘆。

屏東市勝利動物溜滑梯公園，裡面的毛毛蟲、伯勞鳥、大象、鯨魚、貓、狗、恐龍、章魚、鱷魚等動物造型遊具，讓孩子無招架之力。

麟洛火車站前的共融公園，以在地著名的王爺奶奶傳奇為本，設計花轎造型的沙坑溜滑梯主題兒童遊戲區，還有以客家藍衫造型為意象的消暑噴水長廊，是一座融合兒童參與及民間習俗的遊戲設施。

「我要讓團隊有共融公園的經驗，並且運用在地特色，勾勒出屏東特有品牌的 DNA，」潘孟安強調。公共空間的價值在於人人都可參與，尤其得重視使用者的意見，這樣的精神在屏東不光是紙上談兵，而是真正的實踐。表面上，遊樂園是屏東的城市印記；本質裡，卻是透過共融互動，用笑聲當作城市的融合劑，讓各地的長輩、身障者、兒童都可以玩得開心。

不必怕，不必怕，派遣女王陪在你身邊

從一人變兩人，新手媽咪的藍色憂鬱來得理所當然，卻又莫名其妙，好在，有月嫂當神隊友，媽咪可以安靜吃頓飯、安心睡個覺，雖然，蜜月期只有 1 個月。

三合院側房裡，傳出輕快的音樂聲，8 年級的新手媽咪君君，正懊惱的摸著腿上的妊娠紋，「當初只顧著肚子，沒留意到大腿」，一旁的月嫂潘美溦趕緊安慰道，「顏色會越來越淡的。」

女性從產房出來後，就像進入另一個世界，除了得調整自己的身心，還得肩負另一個脆弱

的生命，原有的生活節奏被打亂，時而湧現為人母的強韌，時而又如嬰兒般脆弱，毫無來由的矛盾拉扯，常讓新手媽咪覺得手足無措。

初為人母的君君，能利用坐月子的時間好好調養生息，全靠背後的神隊友——月嫂潘美澂。

77 年次的潘美澂年紀雖不大，卻已是兩個孩子的媽媽，擔任月嫂多年的她，照顧過的產婦和 baby 早已逾百組，老練細膩的服務讓新手母子檔輕鬆許多。

不愛吃海鮮的君君在生產住院期間，看到醫院送來的魚湯，直呼「嚇死我了」，回想那一餐的震撼猛搖頭說，「好在回家坐月子，可以吃自己想吃的」，一旁的潘美澂聽了忍不住打槍說，「除了海鮮不吃，連豬腳都不吃水煮的」，讓負責備餐的她傷透腦筋，絞盡腦汁才能讓君君吃得好、吃得瘦，又能提升泌乳量。

有一回煮了晚餐，君君吃不下，潘美澂原以為是不合口味，沒想到是君君吃了甜點而吃不下正餐，君君搶著接話說，「她煮的我都有吃，有一回煮了杜仲雞湯，喝到最後看到黑黑的杜仲，還以為是木炭」，講到這裡，兩人相視而笑。

除了張羅君君的餐食外，產婦諸多生理變化是坐月子期間的變化球，採用瓶餵的君君，坐月子期間最困難的事是脹奶，使盡氣力卻依舊擠不出奶，「不知道為什麼，她一出手就能解決」，潘美澂接著說，這時通常會一邊聊天一面按摩，化解身體觸碰的尷尬，更能鬆弛緊繃的身心。乳腺通了後，可以正常泌乳的君君，整個人鬆了一口氣，如今小冰箱裝滿一袋袋標註日期的母乳，可讓 baby 吃飽飽。

月嫂不僅是產婦的心理諮商師、身體照護師，還得照顧另一位主角 baby，從餵奶、哄睡到洗澡等照料一手包，為的就是要讓產婦多休息以恢復元氣。

潘美澂餵飽 baby 後，趁著君君逗小朋友的空檔放洗澡水，準備替「小蟲蟲」洗澎澎。

「我們來洗香香，」潘美澂以輕柔的聲音開始每天必要的沐浴時光，用事前備好的 3 種水，先以紗布沾濕煮過的開水替 baby 清潔口腔，再用另 1 碗水清洗屁屁，「因為有些 baby 遇到水會便便，所以要和洗澡水分開」，最後解開半邊衣服，以手肘固定 baby 的身體，再順勢去除衣服，快速清洗，讓洗澡成為「小蟲蟲」的最愛。

月嫂一手包辦產婦與 baby 照護工作，母子都被當作寶貝來呵護，但在離開前一週，會逐步將各種照顧 baby 的技巧分享給媽咪，讓出關後的媽咪可以應付下一回合的單打獨鬥。

像救援投手的潘美澂笑說，每位產婦和 baby

都有不同的需求，在初次面會時，就得透過溝通與觀察來掌握每位產婦的特質，才能在客製食物、身心陪伴、居家照護等各方面，提供精準的服務。

不過，月嫂畢竟是短期派任性質，潘美澂說，剛開始雙方沒有信任感，新手媽咪常會把親朋好友傳授的撇步全試過一輪，確認無效後才願意相信她。以孩子啼哭為例，媽咪覺得小朋友餓了就要急著餵奶，但其實，喝太多反而會造成腸胃不適，讓 baby 啼哭不止。

潘美澂說，在家坐月子比去月子中心的費用少了將近一半，還可以提供客製化的照護，最重要的是不讓媽咪感到孤單，爭取到一段緩衝期來調整自己。

月嫂培訓課，以專業客製化母嬰照護

自從參加了縣府開辦的月嫂培訓課，240 個小時的專業課程讓潘美澂的功力更上層樓，能氣定神閒的應付各種突發狀況。

月嫂的服務必須快狠準，因為一個月的蜜月期轉眼即過，完美詮釋了「才要熟悉就要分手」，不過，共同生活所建立的革命情感無可取代，「帶過的產婦最後都成為朋友，只要有育嬰或生活問題，立刻 LINE 上求助，」潘美澂隨時相挺，宛如媽咪的後頭厝（娘家人）。

彼此相互扶持，將安定的力量傳遞到每一個有需要的角落。

潘美澂從原本的民間機構加入縣府的月嫂平台，是屏東縣第一位公派月嫂，像她這樣的月嫂已經培訓超過 170 位，提供不同的專業照顧。

來自馬來西亞的月嫂楊玉鳳，本身是一位素食者，若產婦在坐月子期間想品嘗馬來西亞口味的健康蔬食餐，或產婦本身就是素（蔬）食者，楊玉鳳能打理出一桌美味豐盛又適合坐月子的菜色。

屏東的產婦有月嫂當靠山，而月嫂背後則有縣政府的支持，彼此相互扶持，將安定的力量傳遞到每一個有需要的角落。🅿

●疼惜→咱的↓
──→老寶貝○

有限的預算該怎麼分配，才能讓每一分都花在刀口上？畢竟，社會福利不是社會救濟，無法漫天開支票，只能依據手頭資源，按照輕重緩急，將資源做有效分配，才是推動社福的根本，其中，仰賴的是清楚的理念、完整的架構、按部就班的實施，才能讓拼圖慢慢成形。

台灣已邁入高齡化及少子化社會，推動「全人照顧」服務勢在必行，走在前端的屏東縣府，發展多層級照護模式，除致力在地安老，同時落實世代的互助共融。

屏縣 65 歲以上老年人口比例約 17.71%，是標準的高齡社會，其中，獨居老年人口數約 3,500人，占總老年人口數 2%。

多層次照護網，讓長者越活越開心

為讓辛苦終生的長者在地安老，屏東針對長

輩提供諸多方案，有公費安置計畫、老人文康休閒車、愛心手鍊、老人乘車敬老卡、中低收入老人的住宅修繕、特別照顧津貼、醫療及看護補助、裝置假牙補助……。

其中，最重要的核心計畫是「安居大社區」，以村村有關懷據點的緊密社區照護網打底，針對長者不同的體能、狀態與需求設立多層次照護系統，推行一學區一日照（托），而在保護網的背後，視需求的不同，另在北、中、南區設置多層級樂活照顧服務園區、失智照護系統，來完善這張網。

屏東縣副縣長吳麗雪是社福專家，她盤點分析，過去屏東的長照財源存在分配不均的狀況，87.3% 健康長者的長照經費僅占 7.32%，而 12.7% 失能長者的照顧花費卻超過 9 成，因此必須要調整照顧目標，增加健康長者的數量，以達成「在宅老化」為目標，從長期來看，才

能降低財政負荷。

雖然地理位置是台灣尾，屏東卻是全台最早推動長照系統的地區，早早就提出了「在宅老化」的四大策略，包括整合性跨域合作、建立在地化照顧網絡、提供連續性照護服務、養成多元化人才。

有了目標後，徹底執行才是關鍵，對內，屏東縣政府整合八大局處，每月開設「安居大社區」會議，建立人才培訓、醫養結合、延緩失能的體系；對外，架設「高齡友善資訊服務網」，讓大眾可以輕易取得高齡友善服務資訊及社福資源，以便照顧長者。

全縣共布建 384 個社區關懷據點，達成「一村里一據點」，而且照護系統很接地氣，結合在地志工，深入鄰里，秉持著自己的長輩自己顧原則，讓長者在最熟悉的地方，開心度過每一天，成為屏東獨一無二的長照特色。

為了讓長輩開心，縣府團隊燒腦想點子，舉辦合唱團、合奏團、歌舞團甚至街舞演出，從天涯到海角，從原鄉部落到農村、客庄，完成不可能的任務，另設有 34 所樂齡學習中心，開辦輔具便利站及線上預約服務。

台灣最南端的「鵝鑾鼻日間照顧暨樂活中心」，是多層次照護系統的指標據點。

原為廢棄的舊鵝鑾鼻派出所，在縣府重新盤點下，以生活、生產與生態的活化為準則，除了提供各項高齡者的照顧服務，也讓接受服務的長輩有機會貢獻所長，透過社區產業經營模式，讓路過的遊客能買到長輩們親手做的愛心霜淇淋，成為具有照顧、學習、產業活動等多元功能的據點。

實地走訪的高雄大學行政副校長曾梓峰說，「一群最前瞻的公務員，大膽的以創新邁向未來，打造了高齡友善、回歸社會生活的共生安養友善案例，鵝鑾鼻這個據點絕對是台灣高齡化社會最令人觸動的幸福案例之一。」

獨居長輩有人陪，失智長者有人疼

常常有長者說，自己最怕的不是老去，而是孤單一人，更怕失智後，成為子孫的負擔。

長者藏在心底的恐懼，縣府怎會不知道？針對長者害怕遇到緊急狀況，沒人能即時伸出援手的擔憂，屏東縣放寬緊急救援通報系統服務的補助對象，補助失能或患有慢性疾病、突發疾病的一般戶獨居老人 7 成費用，讓長輩不必提心吊膽過日子。

至於失智長者的照顧，縣內約有 1 萬多人，對於衍生出的長照需求與經濟負擔，副縣長吳麗雪說，以往失智長輩的照護從居家到機構中

心，始終被局限在有限空間，生活與文化刺激不足，「能不能受到更有人情味的照顧呢？」在此核心概念下，催生全台第一個樂智園區。

縣府團隊盤點資源，沒有增列任何預算項目，幾乎完全以縣府現有經費，動員 8 個局處單位投入設計和人員的訓練，加上智慧科技的配套，從無到有，在西勢村建立一個真實且友善的高齡樂智「屏安村」。

樂智園區以老人文康中心為據點，設有失智症日照中心、多功能活動空間，長者可以選擇在室內空間活動，或是走出戶外，和竹田國中師生互動，到客家文物館看展覽，甚至可以搭上行駛於村內的巴士兜風，貼近長者記憶中的生活模式。

園區內還有「長輩版」的小綠人，是全台第一套專為老人設計的燈光輔助系統，搭配縣長潘孟安親自錄製的客語語音，貼心提示長者通

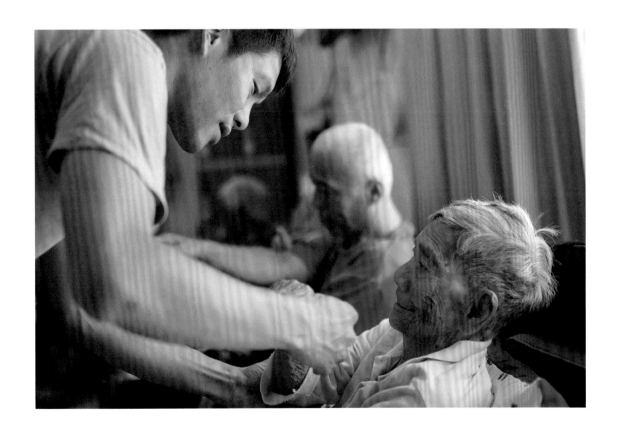

20

獨居長輩有人陪，
失智長者有人疼。

行。另透過定位技術與 Wi-Fi 的應用，只要配戴「屏安福 D+卡」的長者離開活動範圍，D+卡就會發出訊息通知照護者，隨時掌握行蹤，守護長者安全。

除了先進的設施，縣府更遊說超過 50 家商家投入友善商店行列，成為長者的「守護天使」，這些商家會在門口特別擺設貼心椅，整個村落形成友善高齡、失智者的綿密照護網，將照護點串聯成面。

縣內共有 5 處失智共同照護中心、36 處失智社區服務據點、3 處純失智日照中心，以及 29 處失智失能混合型日照中心，提供失智症長輩服務。

潘孟安相信，「未來園區經驗能夠複製到其他社區，因應不同社經環境做出變化，型塑屏東創新安老的品牌價值，同時帶給台灣長照推動一個新思維。」

2022 年落成的「多層級樂活照顧服務園區」是位在海豐外環道旁的一處驚嘆號，其中的「高齡照護區」，縣府導入國外的照顧模式，在 3 棟建築中保留老樹，設置共食餐廳、失智門診、居家服務、小規模多機能 24 小時失智團體家屋及住宿式機構，另打造失智照顧研究中心，成為照顧教學示範場域，結合一學區一日照的目標，讓屏東長照網絡更綿密。🅟

我可以，我可以，——→其實我都→可以○

「只要給我機會，其實，我可以做得更多，」這是身心障礙者的共同心聲。

屏東縣身心障礙者人數超過 5 萬人，相當於縣內每 100 人就有 6.5 位是身心障礙者，高於全國 5.1% 的平均值。在障礙類別中，又以占 34.5% 的肢體障礙者為最多，且在身障人口中，65 歲以上的高齡者高達 4 成 5。

為了鼓勵身心障礙者走向陽光，屏東縣力推社區式日間照顧服務、社區日間作業設施（小作所），透過「可近性」、「在地化」的社區日照，讓家庭照顧者得以喘息，身心障礙者也可以「在地老化」、「在家生活」。

助身心障礙者走出看得到與看不到的障礙，屏東不光是口頭說說而已，社工員針對身心障礙者的家庭需求，連結專業講師，安排動、靜態課程，再由教保員及生活服務員帶領身心障礙者進行料理、手工藝、烘焙、團體遊戲、體適能、復能、社區活動等課程，強化這些慢飛天使的生活自理能力，在良性的互動與刺激下，減緩其退化速度。

潮州崁川工坊露營區結合社區日間作業設施與露營區，讓 12 位身心障礙朋友運用廢棄學校活化露營區，每天服務 6 小時，導覽、種菜、搭帳篷樣樣行，找回身心障礙朋友的自信，並且配搭專車接送讓家人安心。

我的未來不是夢

「喜歡啊！」46 歲的阿邦是輕度智能障礙，過去長期在家中待業，與家人關係日漸緊張，來到這裡後，他做出了興趣。

如今，身心障礙者社區式日間照顧服務據點擴增到 64 處，每個據點都是一個生活圈，另搭

配各式各樣的共融活動與設施，讓無障礙空間如同漣漪般持續向外擴大。

下海浮潛？可以。這幾年，身心障礙者下海浮潛、搭遊艇、玩風帆、划獨木舟，甚至是挑戰手搖車都不再是遙不可及的夢。出海後，他們第一次知道海水是鹹的，甚至還要求潘孟安，「縣長，你可以捏我一下嗎？這真的不是在做夢耶。」

聽演唱會？可以。過去身心障礙者受限環境，不便參與演唱會等大型活動，縣府特別在脊髓損傷者全國運動大會的選手之夜，打造無障礙觀賞平台，搭配復康巴士的接送服務，讓所有族群都能一圓看演唱會的夢，體驗一回尖叫聲嗨翻全場的熱烈。

出門旅行？可以。對於身心障礙者家庭來說，團進團出的旅行遙不可及，還沒出門，就被「去

哪裡？」、「怎麼去？」、「有沒有無障礙空間？」等問題打敗，為此，屏東打造輪椅可以直上的旅遊復康巴士，免去上下車的搬動與不便，更設計 10 條友善路線，經常使用旅遊復康巴士的姊妹開心的說，「現在可以在旅程中聊聊幼年趣事，是最棒的家族聚會。」

外出用餐？可以。縣府結合民間團體公私協力合作，於 2015 年推出「友善屏東好餐廳」App，建置各鄉鎮友善餐廳的資料，讓行動不便者外出用餐時，再也不必擔心被擋在門外，2022 年發行「屏東友善餐廳」響應式網站，讓資訊查詢更方便。

維修輔具？可以。眼看仰賴輔具的長照人口數持續增加，縣府在 10 個鄉鎮布建小型輔具服務站，除了增設輔具服務車，還提供到府維修、運送租借或二手輔具等多項服務，3 年內跑 4 萬公里的輔具維修工作人員開玩笑說，「還沒

機會環遊世界，但是已經開車繞地球一圈了，而且還能幫助不便者重新走出門，其實更有意義。」

有位高齡 70 多歲的 vuvu，因身體機能退化而行動不便，唯一代步的電動車卻因輪胎、電瓶、電燈都壞了而無法出門，在服務站修復後，vuvu 開心向維修技師表示，「終於可以再到市場買菜或陪孫子上學。」

微型保險主動出擊

微型保險就像一把弱勢家戶的保護傘，在意外發生時，能有保險給付度過難關。

2016 年，屏東縣政府為強化經濟弱勢家庭的照顧，與南山人壽合作提供微型保險，如今，這把傘越開越大，除延續原納保民眾的保險照顧，社會處於 2021 年再擴增，主動替 15 歲至 75 歲中低收入戶投保，共 1 萬 7,252 人受到保障，並且提供遭逢意外致失能或不幸身故者，最高 30 萬元的保險理賠，為全縣 4.2 萬名弱勢民眾撐起保護傘。

屏東縣社會處指出，為簡化流程及便民，只要確認符合資格者意願後，不必個別填寫保單，由縣府與保險公司主動投保，除先以低收入戶為對象，同時擴大保障具有輕度與中度身障證明者，至 2021 年已有 2 萬 4,136 人受到保障。

「民眾不需繳納任何保費！」社會處處長劉美淑表示，弱勢家庭主要負擔家計者，較常從事高風險的工作，只是，非典型的工作型態，參與社會保險的比例有限，又礙於經濟因素，難以負擔民間保險，若意外來臨，弱勢家庭易陷入更困難的情境，而微型保險就是提供民眾遭逢意外事故時，即時的經濟協助與照顧。🅟

●彈性→十足的 →社會福利安全網○

屏東積極打造多世代全人服務，從嬰幼兒到老人，自家庭到社區，發展多層級照護模式，至今，已建構一張彈性十足的社會福利安全網。

為讓社區民眾、幼兒、青少年、身障者及銀髮族皆能共融共處，縣府特別設計了「跨世代融合」的設施，屏北地區有「九如全人照顧整合支援中心」、屏中地區有「潮好玩幸福村」社福園區，屏南則有「恆春社福綜合館」，結合各地區的旗艦版據點，讓男女老幼都能齊聚一堂，找到自己的巢，可以放電，亦能喘息。

屏北——九如全人照顧整合支援中心

位處台 3 線旁，車輛熙來攘往的九如全人照顧整合支援中心，就在九如圖書館後方，是屏東縣首座全人照顧園區，九如國小舊校舍完成百年樹人任務，功成身退，舊校舍改建，學習的靈魂不滅，但卻換了一個新殼，肩負起農村高齡化與代間學習等重任。

這處校址有個極大的優勢，就是位處交通樞紐，這種方便性就連老農騎著「武車」都能輕鬆抵達，於是縣府下足功夫與相關單位折衝、斡旋與提案，終於在 2021 年活化了舊校舍的閒置空間，改頭換面，成為一處綜合性的複合照護空間。

這處再生空間以「九如全人照顧整合支援中心」為名，戶外是全齡式的共融公園，兒童遊戲區裡設有大型高架及挑戰性高的木樁遊具，即使是不易斷電的好動寶寶，玩了一圈遊戲後也能放電完畢。至於陪伴的家長更不需要晾在一旁，因為，全齡體健區有專業級的戶外健身設備，可在露天健身房佐著陽光鍛鍊身體。

換上全新容貌的主體空間完全變了樣，1 樓是日照中心，由專業團體提供失能長者生活照顧、餐食等服務。2 樓的樂活健身中心，請到專業物理治療師進駐，搭配先進的健身器材，包含骨盆穩定訓練機、全身活化機、下肢功能訓練機等，結合雲端化的智能服務，讓熟齡族輕鬆將老化甩在身後，健身後的暢快感讓口碑越傳越遠，長者還會相邀來健身。

此外，飲食是健康密碼，2 樓一隅設置了烘焙廚房，怕曬的媽咪們也可選擇在此地烘焙點心，或上親子共做的料理課程。

3 樓是受家庭歡迎的親子共伴基地，沙坑、溜滑梯、球池、蹦蹦床等遊戲設施，總可見孩子穿梭其中的身影，最令人驚喜的是，超過 2,000 本藏書的繪本室，孩子們可以躲在自己的小閣樓，沉迷在各國繪本故事裡；小小賽車手則有重機或法拉利，可以在設定的軌道上飆速，在這處園區裡，速度的流動不僅不突兀，反而給人一種莫名的安定感，人人各得其所的放鬆，誰也不必為誰犧牲。

全年齡的
嬉笑聲
在園區內迴響。

在世紀之疫的侵擾下，停課不停學的日子，讓不少爸媽或阿公阿嬤黑了臉、皺了眉，高度重疊的生活，感覺氧氣也越來越稀薄，因此，當九如全人照顧整合支援中心隨著疫情降級開放後，立即成為大人及小孩的救贖。

屏北──鹽埔社會福利綜合館

屏北另一個親子共伴好地方，就是 2021 年 9 月開幕的「鹽埔社會福利綜合館」，這裡也是屏東縣第二個社會福利綜合館。

此處利用鹽埔鄉老人文康中心閒置空間進行修繕改造，館內有鹽埔區家庭福利服務中心、鹽北日間照顧中心、居家托育服務中心、屏北區社區照顧服務支援中心、共融遊戲場。

1 樓空間設施有共融遊戲場、攀爬室、彩繪室、積木室。攀爬室以星空為設計主軸，可訓練孩子的挑戰力、肌耐力、肢體協調，適合全家來放電，中庭共融遊戲場有全齡多元遊具，如全齡鞦韆、兒童電動車、兩層樓溜滑梯、造型攀爬斜坡等，滿足身障家庭、年長者和兒童休閒需求的遊戲區，另設計闖關及挑戰型活動，讓家中長輩及孩子能一起玩耍，達到世代共融。

2 樓空間有多功能教室、手作教室及韻律教室，提供社區、團體進行交流及專業課程，也安排專業教練、多元運動課程及雲端化運動機台，可客製化運動建議書，讓銀髮族能運動放鬆、放鬆運動。

屏中──潮好玩幸福村

來到屏中地區，潮州有座「潮好玩幸福村」，森林裡的共融公園，能讓不同年齡的人們交流，身障及高齡者在此也有自立的機會，與各種階層與狀態的人們共生共存，不再有被隔絕的感覺，是一處融合型的生活圈，也是屏東的社福樞紐。

「潮好玩幸福村」的前世是一處有 120 年歷史的閒置營區，占地 6.35 公頃，現已轉型成為屏中地區的社福、身心障礙、親子、長照的幸福村，全年齡的嬉笑聲在園區內迴響。

忠誠營區自 2008 年部隊撤離後，歷經莫拉克風災的居民安置，經縣府向行政院獲得申撥同意後，正式變身「潮州社福園區」。10 年來，經過數度轉型，如今，各方社福團體和資源陸續進駐，從飛夢林學園家園、屏中區復康巴士、身心障礙者社區式日照據點，到潮州區家庭福利服務中心、親子童話館、潮州托育資源中心等，堪稱麻雀雖小五臟俱全。

隨著經費陸續到位，幸福村最後拼圖已完成，幸福館多元照顧中心、大人小孩館與特色遊戲場先後完工，成為多元的全區無障礙空間，並

正式更名為「潮好玩幸福村」，大人小孩館完工後，已邀國立科教館企劃的「設計我們的城市」移展屏東，於 2022 年開展，透過趣味思考體驗及探索活動，拉近大眾與城市間的距離。

其中，幸福村眾多空間與設施裡，新設立的輔具資源中心，是另類的生活體驗館，這是全縣第一處生活式的輔具展示空間，需要輔具協助起居的銀髮族或身障者，都可以在這裡找到答案。

「左邊是煞車，右邊把手可以調椅子的角度，阿嬤，妳用力試看看……」，一位家住潮州的金菊阿嬤，獨自照顧中風的老伴，為了週末假日能帶老伴出門透透氣，想要添購輔具，社工員到宅訪視後，安排阿嬤先來輔具中心體驗，試用不同類型的輔具，確定自己的需求後再來做決定。

被各式狀況壓得喘不過氣的阿嬤，一邊逛一邊吐苦水，嘴裡直嚷著捨不得讓老伴住安養院，雖然體力不足，照顧起來很吃力，但還是得靠自己……。

社工員一面安撫阿嬤情緒，一面引導阿嬤實際操作，甚至為了減輕她的經濟負擔，提供免費的二手輔具當參考，試過一輪後，阿嬤打算回家再想想。不過此時的表情，已比剛進入輔具中心時輕鬆許多，畢竟，擁有選項的人生總是幸福些。

屏南──恆春社福綜合館

「恆春社福館」建置了社區公共托育家園、青少年兒童服務及家庭福利服務中心等空間，以落實跨世代、跨族群的多元照顧服務。

這個館舍不僅運用閒置空間重建新建物，更結合已取得歷史建築文化資產登錄的恆春國中校長舊宿舍，透過新舊建築的融合、開放式的空間設計及融入當地古城意象，打造恆春古都新地標。

縣長潘孟安指出，恆春半島人才流失及高齡化嚴重，透過社福館協助半島的弱勢家庭關懷與輔導，建構社區支持系統，以利在地居民取得各種福利資源與資訊。

此外，屏東早已在各區域布建「一站式服務」據點，2015 年底完成設立鹽埔區、屏東區、內埔區、潮州區、東港區、枋寮區、恆春區等 7 處家庭福利服務中心，各中心皆具備托育資源、親子互動、青少年休閒、婦女服務等全人式多元照顧服務的功能，現在，有了北、中、南的社福發電機後，彼此可以相輔相成，深入社區每個角落，提供民眾立即性支持照顧服務。Ⓟ

●毛小孩↓ →就是→家人○

一到週末，屏東公園裡常會有一群身影，志工們帶著結紮過、植入晶片、身體健康、親近人類的毛小孩，替牠們找家人。

屏東縣幅員廣大，縣內家犬貓高達 5 萬 8,036 隻，由於不負責任的飼主棄養、走失，加上結紮觀念並未落實，讓屏東縣內衍生不少流浪動物問題，過去曾經在 1 年內，安樂死 6,000 餘隻流浪犬，遭動保團體直批「屠狗王」，屏東縣縣長潘孟安上任後，便將維護動物福利列為施政重點之一，除了以身作則，認養一隻流浪犬「安居」外，也同步從政策面建立制度。

2017 年，中央政府的零安樂死政策上路後，屏東縣政府引入民間資源，包括志工、社區、學校、動保團體等，結合公家與民間的力量，成功提升屏東縣的毛小孩認養率，期盼能讓流浪狗貓成為歷史名詞。

近年來，屏東縣政府為有效控制流浪犬貓繁衍數量，啟動全縣熱區遊蕩犬貓免費 TNvR 活動（捕捉、絕育、植晶片及注射狂犬病疫苗後回置原處），降低遊蕩犬繁衍聚集，改善環境清潔，減少人犬衝突。

由於屏東縣內農漁業活動相當發達，因此養殖工作犬普及率相當高，然而主人疏於照顧、沒有結紮，經常導致狗狗意外受孕，因此只要養殖禽戶或水產養殖戶提出申請，「工作犬節育列車」就會專程前往協助，希望有效減少流浪動物繁衍。

事實上，屏東也有專為狗狗開設的特殊訓練課程，屏東大學特殊教育學系開全國風氣之先，引進狗狗輔助學習的「犬隻輔助學習計畫」，建立國內首座學習輔助犬訓練教室，從流浪犬中挑選穩定性高、願意接近人的，透過完整訓練，包括長坐、服從陪伴、不亂動等，讓狗成為身心障礙者的「輔具」，陪在有語言矯治需求、發展遲緩或有學習障礙的學童身邊伴讀。

2018 年，農業處新設「動物保護及保育科」專責管理，加強節育宣導、執行外，也從執法面落實嚴格稽查、懲處非法業者，舉例來說，屏東縣內 180 家特定寵物業者都必須實施種犬、待售犬的登記稽查，防止業者將犬隻賣出而無法追蹤。

2018 年 9 月，屏東縣政府招標委託民間團體進行流浪犬隻收容與管理，由社團法人台灣愛狗人協會接手，地點位於屏東科技大學內，2019 年成為全國送養率第三名的收容所。

2021 年 3 月，縣府與 19 家在地寵物友善店家合作，啟動「微笑浪浪・中途小站」計畫，建立流浪犬貓中途避風港，主要是將民眾通報救援的流浪犬貓先予絕育、植晶片及注射狂犬病疫苗後，再帶到合作店家讓民眾認養。

此外，縣府正在麟洛隘寮營區打造毛小孩的快樂天堂，一座小型綜合收容及認養中心，占地約 3.7 公頃，規劃有犬貓收容區，預估可容納 500 隻狗貓；此外，還包含野生動物收容區、寵物萌公園、動物醫院、寵物訓練學苑及寵物長眠區等。這處毛小孩的樂園透過民間企業參與合作，引進投資經營和專業技術，除了提升服務效益，帶動參觀人潮，提升認養率。

透過源頭管控，以及後端犬貓認養，屏東縣收容中心從認養率吊車尾擠上前段班，每月平均認養達 50 隻。

草原上的寵物公園

河濱寵物公園因位處高雄、屏東交界，每日午後便會湧入喜愛溜狗的毛爸毛媽，假日人潮萌寵更是絡繹不絕，讓原本 0.2 公頃的空間略顯擁擠。為使毛小孩能盡情玩樂，屏東縣政府投入 300 萬元經費，於原址旁進行二期擴建工程，再擴充 0.3 公頃的面積，提供毛孩及飼主們更寬闊的遊憩空間。

在原先大片的草地上，保留深受歡迎的水泥涵管、跳高輪胎、波浪狀棧道、高低木架等設施，另外增設翻轉式圍籬、遮陽帆布、加固原有各項設施，改善沖洗空間排水等，除了要給毛小孩盡情玩樂的空間，也要提升毛孩爸媽的使用便利及安全。

屏縣府農業處處長鄭永裕表示，屏東縣動保意識逐年提升，寵物已經成為我們的家人，因此提供更為友善便民的寵物活動空間，不只提供毛小孩更廣闊活動場域，鄰近河濱公園內亦有大片綠地草皮供民眾攜家帶眷遊憩，可說是人犬都受惠。🅿

就是要讓你
開心的在草原奔跑！

↓家○

夢想

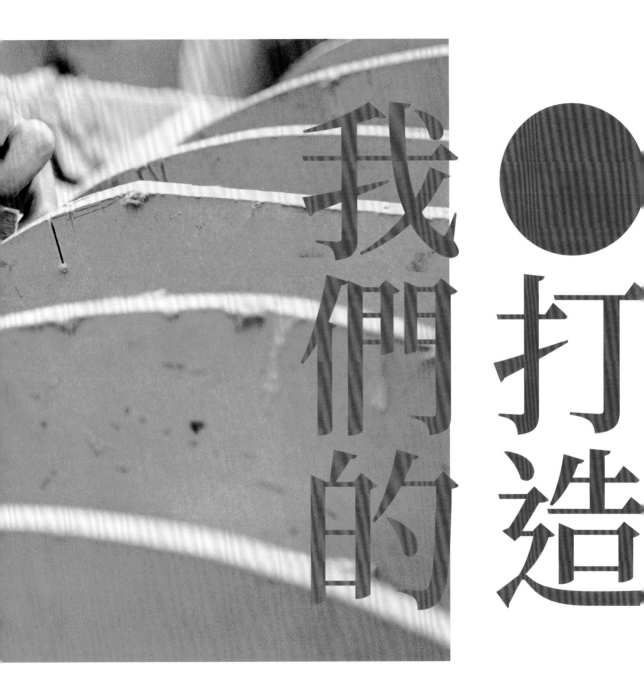

我們的

打造

章節 IV

→ ① 城鄉

② 財政

③ 行銷

○用笑容
來回答●

關於幸福，有一種說法，那是一種持續時間較長的心靈滿足。

不論如何定義，幸福終究是主觀的，無法秤斤論兩，當然，光是勾選項目也無法精準反應幸福指數，總是因人、因事、因地、因時有不同的答案，個人的榮光感更是。

「當你認為最困難的時候，其實就是你最接近成功的時候，」這是電影《當幸福來敲門》裡的經典台詞，頗適合用在屏東，處於劣勢的國境之南長期受到漠視，卻不經意的為屏東保留了實力。

數百年來，資本主義的市場經濟帶來了生產力的革命，物質生活水準大幅躍升，然而，人們的生活品質是否隨之提高，尚無法得到肯定答案。

　　常常被提及的「國民所得」是被用來測量經濟成長，進行國際比較，原本就不是為了測量生活品質而設計。

　　「我們很務實的去看待每一個人民的需求，人民的要求其實很簡單，就是安居樂業，有工作，住得安心，」潘孟安上任之初許了這樣的承諾，在對的時間，用好的方法，屏東終於開始躍升，一步步走向幸福。

　　屏東人的所得年年攀升，公共建設一步步構築，城市排名逐年上升，國際大賽屢屢得獎……，這些是幸福的切片，但幸福感不光是數字上的計算，最終端視縣民內心的真實感受。

　　8 年前，潘孟安許下既簡單又不簡單的承諾，如今是否抵達那一片淨土，就交給這片土地的人們，讓大家用笑容來回答……。 Ⓟ

城鄉

①

局勢正在逆轉，向來光鮮亮麗的國際都會不再是唯一主流。

屏東變身術

→

義大利小說家伊塔羅‧卡爾維諾（Italo Calvino）筆下的《看不見的城市》（*Invisible Cities*）：「城市從來不存在，它們一個接著一個存放在我們的意念裡。我們按著自己所愛的地方的模樣建造了那麼多的城市，然後兩人面面相對著，一個一個懷念這些城市。」

局勢正在逆轉，向來光鮮亮麗的國際都會不再是唯一主流，一味追求高、大、新等外在條件的風向已變，取而代之的是，人們回應內在的渴望，越來越想要停留在宜居城市。

宜居城市是近代常出現的字眼，「哪一座城市適合居住？」在這類調查排行榜裡，經常出現的是哥本哈根、蘇黎世、赫爾辛基……，而這些城市有許多共同特質，就是對歷史的尊重、力求自然與人類的共存、對少數群體的包容等，尤其，居住其中的各式各樣人們，受到同等的尊重及友善的對待。

2020 年起，世紀之疫肆虐全球，讓人們重新定義了生活的空間。此時，回頭望，生活的舊樣態正在轉換；此刻，向前看，模糊的新秩序隱然成形。

不妨想想看，你我要如何打造一座心中的宜居城市吧！❷

人的魅力常常是
迷人外表下的特色性格，
城市亦是如此。

在全球化的浪潮下，
一個又一個複製再複製的城市，
連鎖咖啡、速食料理、精品名店……，
常令人分不清是身在紐約、巴黎還是東京，
此時，個性化、在地化的城市竄起，
以獨特魅力，讓城市變得黏人。

老派血統裡的時髦，
坦率不羈裡的溫暖，
帶點傲氣卻不服輸的個性，
毫不修飾笑容的人們，
這些磚塊，一層層的疊起了屏東。

這座城市裡，有你有我也有他，
正用自己的速度前進，
成為熱愛土地之人的宜居城市。

256

屏東，會黏人的城市

●屏東↓
──→崛─起中○

在後疫情時代，活力、生命力、應變力是跨進未來城市的門檻，而屏東正是其中之一，具有小而美的生活型態、滾動式的行政組織、跳脫框架的創意力、無畏挑戰的生命力……，化作一波波助力，將屏東推往另一個境地。

這幾年，屏東的基礎建設與公共建設，不論交通、公園、水利、館舍、教育……，以迅雷不及掩耳的速度增生，一座又一座的公共建設拔地而起。

「蓋那麼多停車場是要給蚊子停嗎？」、「今年地價稅調這麼高是在搶錢嗎？」、「接自來水管到家裡還要自己出錢？」、「怎麼又出現圍籬了，到底又在蓋什麼？」……。剛開始，各種質疑的聲音像泡泡一顆顆冒出來，抱怨聲裡帶了點恐慌。

「車位好難找，都讓外客停滿了，當初怎麼不

多規劃些！」、「我家隔壁新蓋的房價高得嚇死人，是在搶錢喔！」、「我孫子回來吵著要溜恐龍溜滑梯，每次吃午飯叫都叫不回來！」、「兒子叫我免去載，他自己會從車站騎 Pbike 回來！」……。到現在，一樣在抱怨，語調卻開始不同，這一回，多了些安心感。

各種主題園區，屏東反彈動能

產業發展力道薄弱向來是屏東人的痛，子弟為了生計，只能北漂外地找工作，尤其六都新制上路的磁吸效應，讓過去扮演高雄衛星城市的屏東，面臨邊陲化危機，是屏東無法迴避的挑戰。

8 年前，縣長潘孟安上任第一天，明訂招商目標，宣示竭盡所能，為屏東導入足以跨入下一個世紀的新興產業。

只是，產業發展不像蓋一棟樓或造一座公園
這麼簡單，少輒數年、動輒數十年才能看到具
體樣貌，但，不開始就永遠沒機會。

Location、Location、Location，房地產的黃
金準則亦可套用城鄉發展，選址始終是產業園
區成敗之鑰。

產業園區的設立，仰賴全方位的評估，包括
預測區域發展潛力、符合政府整體規劃、土地
取得的成本與完整度、交通的可及性、基礎建
設的齊備性、綠色生態的未來性、人才的多樣
性……。種種條件缺一不可，當時的屏東，除
了有生態、土地，其他什麼都沒有。

每個建設的地基都需從一塊塊磚堆疊而起，
慢慢從一棟建築物，延伸為一條街廓，然後型
塑鄉鎮特色，每個腳步需要時時反芻，隨時將
不足的缺口補上，慢慢的，才會如有機體般逐
漸堅實壯大，根扎得深，樹長得穩，枝葉才會
茂盛。

由高雄市政府經濟發展局局長轉至屏東縣政
府擔任城鄉發展處處長的李怡德，深諳高屏兩
地的同與異、強與弱。他說，屏東確實沒有高
雄的資源，卻擁有自己的特色。這幾年，縣府
團隊理出了在地紋理，搭配交通動線的分進合
擊，透過都市計畫發展策略，讓不同功能的都
會、城市、鄉村、社區，層層分明，彼此互補，

最後得以成為推動台灣前進的力量，台灣尾的
屏東，就像鯨魚的尾巴，只有尾巴用力擺動，
鯨魚才能向前。

以屏東的產業樣貌來看，短短 8 年，從北到
南，一口氣有七大產業園區成形，其中，包括
傳產工業、醫療保健、生物農業、科技工業、
運動休閒等類型，得以從過去銜接現在、迎向
未來，形成台灣尾的 P 計畫。

七大龍頭產業園區包括「屏東縣熱帶農業特
色產業園區」、「屏東科學園區」、「屏東科
技產業園區」、「六塊厝產業園區」、「屏東
縣運動休閒園區」、「屏東縣健康產業園區」、
「新園產業園區」，一路從長治、屏市、竹田
到新園，每一個產業背後都是龐大的生產聚落，
可預見的未來是暢旺的物流、金流、人流。

屏東，正在崛起中……。Ⓟ

未來是
暢旺的物流、金
流、人海。

●屏東的↘
──→轉速→祕密○

從前，屏東囝仔搭火車回家，越過高屏溪就是六塊厝站，下一站是屏東站，從車窗向外望，黯淡的燈光，蕭條的景象，是一種不知道該悲或喜的老樣子。

計劃永遠趕不上變化，六塊厝這個總讓人路過又錯過的小站，終將成為屏東發展的新都心，未來，這個區帶有高鐵站、科學園區、科技產業園區、運動園區加上雙語實驗學校等，加上三鐵共構，乘著便捷交通走向四面八方。當城市機能大幅提升後，國際人才就能安心走進來。

最重要的是，這些產業園區不光是紙上作業，事前繁複的規劃、預算、法令、土地、環評、招商等各種要件都已到位，七大產業園區均已進入實質作業期，自 2022 年起，大約 5 到 10 年，各個園區會陸續上線運轉。

未來的屏東，將在高鐵的串聯下，「六塊厝產業園區」、「屏東科學園區」、「屏東科技產業園區」、「屏東縣運動休閒園區」會相互配合，發揮群聚效應，可望成為台灣產業的新鑽石廊帶。

專責城市開發與規劃的顧問公司業者徐弘宇，多年來，參與各級政府的城鄉規劃，他感受到屏東驚人的速度成長，這 7、8 年來，屏東像青春期孩子，一眨眼就抽高了，至少是以正常的 3 倍速快轉。

據徐弘宇的觀察，屏東之所以能甩開制約，一路向前衝，其實是做足了準備。

工程人大多知道，不論哪一種都市規劃或重大建設都需要前期規劃，徐弘宇發現，屏東的做法是自己先花錢委託專業單位預做規劃，待中央政策一聲令下，屏東就能奪得先機，根本不需要暖身便能立即提案，差距就這麼一棒接

一棒的拉開。

事實上，潘孟安上任後就積極構思如何鼓勵企業回流投資。

2015 年 9 月 7 日「屏東縣招商單一窗口」啟用，整合相關單位，專人專責為廠商提供服務，建立良好跨平台溝通協調機制協助企業，讓企業主更有意願來到屏東投資，就有機會創造更多就業機會，讓年輕人可以留鄉工作。截至 2021 年 8 月，計有 118 家公司設廠，租地、購地面積合計約 195.0323 公頃，投資金額合計為 607.885 億元，估計可增加 7,033 個就業機會。

據台灣投資事務所統計，包含「台商回台 2.0」、「根留台灣企業」與「中小企業」三大政府投資案，截至 109 年度申請於屏東縣投資企業有 18 家，預估創造 220 億元產值，增加 1,758 個就業機會。經過多年招商引資，逐漸扭轉屏東縣地處邊陲的劣勢與刻板印象。

屏東境內各種產業用地，包括經濟部管理的工業區及科技產業園區、行政院農委會所轄的農業生物技術園區，土地使用超過 96%，接近飽和。就數字來看，屏東縣的營利事業銷售額從 2014 年的 3,925 億元，增至 2020 年的 4,349 億元，年年持續增長，成長率 10.8%，高於全國平均 8.4%，由此可見屏東製造業的蓬勃發展。

屏東縣工商發展投資策進會亦舉例指出，屏東擁有多家「隱形冠軍」國際大廠，包括從事頂級高爾夫球具與腳踏車製造的大田精密、頂級面膜製造工廠大江生醫、汽車產業相關的巧新科技工業，以及本田汽車、聖州企業等知名企業，都是撐起屏東產業發展的硬底子。

過去屏東的產業聚落不多，招商不易，縣府團隊近年四處奔走，媒合產業入駐屏東，藉由民間技術來加速地方開發，縣府檢視加工出口區、汽車產業專區及農業生物科技園區等，產業用地已經供不應求。

高鐵屏東站拍板，成為屏東躍起的新動能。縣府城鄉發展處處長李怡德指出，高鐵已是台灣西部產業廊帶商務人員移動的主要交通工具，在確定高鐵延伸到屏東後，在高鐵的利基之下，有了與世界舞台連結的契機。

六塊厝產業園區總面積 19.67 公頃，歷時多年，經過繁複程序才得以成立，這處基地是透過 189 縣道、國道 3 號及 88 號快速道路等聯外道路，與周邊的屏東科技產業園區、農業生物科技園區及工業局編定工業區等園區相互配合

這座城市裡，有你有我也有他，正用自己的速度前進。

而成，計劃引進低污染、低耗能產業、中下游支援產業及地方特色產業，建構屏東地區的產業鏈，打造屏東縣的產業發展中心。

全區採公共工程與廠商建廠同步開發方式進行，透過園區開發鏈結周邊產業聚落，約可提供 31 家廠商進駐，創造 60 億的年產值，2022 年 3 月開始招商。

未來不管是配合高鐵特定區或是科學園區，都是一個串接南北的重要產業聚落，亦是縣府與台灣糖業公司合作投入產業園區開發的首例。

未來產業的聚落──屏東科學園區

高鐵南延形成的屏東高鐵特定區，係以高鐵站為樞紐，結合在地既有產業基礎，打造未來產業聚落。

其中，科學園區租用台糖 73 公頃土地，已在 2022 年 3 月掛牌，7 月招商，預計 2023 年動工。屏東科學園區未來將結合創新、生活、綠色等元素，打造出 AI 及 5G 應用等供應鏈聚落，吸引綠能、健康及汽車高值化等產業進駐，串聯嘉義、台南、高雄及屏東，形成一條新的科技廊帶。

縣府預估園區進駐廠商營業額約 360 億元，將成為屏東新都心，此外，科學園區比照竹科、中科、南科設置雙語實驗中學，推動園區周邊中小學雙語教育、實驗教學的轉型提升，以吸引國內、外高知識分子，滿足子女教育的需求，營造永續的生活與教育環境。

未來，特定區內包括科學園區、科技產業園區擴區，讓產業聚落及生活機能更加完整，周邊則有屏東科技產業園區及汽車產業專區等產業，可進一步吸引高科技產業的投資，均衡南北發展，估計約可提供 5,400 人就業機會。

加工出口區升級轉型──屏東科技產業園區

屏東加工出口區於 2000 年成立，縣政府亦積極搭起平台吸引各大企業前來投資，透過高密度開發，創造大量工作機會，如今屏東加工出口區漸趨飽和，產業型態開始轉型。

過去加工出口區的產業項目內容受限，招商引資不易，全台加工出口區完成階段性任務後，於 2021 年同步更名為科技產業園區，透過產業結構的調整，吸引台商回流投資，屏東科技產業園區將以低污染、高效益的產業做為發展重心，成為帶領屏東升級的另一波動能。

經濟部科技產業園區於 2021 年 4 月提報 26.65 公頃的擴區計劃，經行政院核定，已在 2022 年初開始招商。

休閒產業新基地──屏東縣運動休閒園區

屏東向來是運動選手的培育搖籃，其中，不少國家隊的棒球選手來自屏東，包括倪福德、李振昌等挑戰美國職棒聯盟的球星，以及美職現役運動家隊的潘志芳等人，都是來自屏東的選手。

縣府籌備多年後，在 2021 年成立台灣第 7 支城市棒球隊，為運動選手創造舞台，經驗傳承，進而培育出更多國家級與國際級好手。

屏東運動園區有 17 公頃，第一期的 9.7 公頃規劃了 1.5 萬席次的棒球場，第二期 7 公頃規劃副球場、練習場、室內排（羽）球場、商業設施等，總經費預估超過 45 億元，一旦完工，將是全台距離高鐵站最近的國際棒球場。

綠色智慧動脈樞紐──
屏東縣熱帶農業特色產業園區

屏東領航的農業科技將由「屏東縣熱帶農業特色產業園區」串起周邊的農業生物科技園區、高雄區農改場、屏東科技大學，以國 3 屏東交流道為閘口，將產官學研串聯成一條綠色智慧動脈。

為了產業的蓬勃發展，農業生物科技園區的第一期 233 公頃於 2018 年招商額滿，帶動投資金額達 102 億元，創造 1,700 個就業人口及超過 60 億元的產值。第二期 164 公頃的擴充工程亦已完工開始招商，截至 2021 年 11 月出租率約 33%，整個農科產值可望提高到 180 億元，創造就業機會 6,000 個。

於國道 3 號屏東交流道旁舉辦的屏東熱帶農業博覽會，每年春節期間登場，已經成為台灣最具特色的年度農業盛事，所在地點是這條智慧農業廊道的樞紐位置，為了長期經營，屏東縣政府計畫將 30 公頃的熱博場域打造成「屏東縣熱帶農業特色產業園區」。

這處園區占有交通要衝的優勢，所以定位為屏東「道之驛」，要成為台灣的農產品展示、銷售、物流中心，兼具展示櫥窗與教育訓練功能。打頭陣的物產館是地上 3 層的綠建築，全年可觀賞彩繪稻田，與觀光旅遊結合，將屏東農業帶入新的里程碑。

智慧養生的啟動器──屏東縣健康產業園區

預防醫學年代已然到來，縣府團隊力爭的「屏東縣健康產業園區」定案，總開發面積 23 公頃，已於 2021 年 3 月動工，這處園區緊鄰國道 3 號麟洛交流道及台 1 線等主要幹線，以急重難症醫療、婦幼醫療及尖端醫療為重點，並朝養生、智慧長照、預防醫學等方向挺進，未來亦將成為屏東醫療轉衡的中心點。

屏東義大醫院進駐，估計總投資約 200 億元，預計 2025 年年中開始營運。

園區中的產後護理之家暨宿舍大樓則規劃了地下兩層、地上 10 層樓的建築，供產婦及新生

兒照護，並設置 600 多間套房做為員工宿舍之用，預估可直接或間接提供 3,000 個就業機會。

第二階段開發期程規劃了養生、智慧長照、預防醫學等，另有產業用地，共有旅館、餐廳、

遊樂場、電影院、購物等計畫，宛如義大世界的精緻版。

此外，屏中地區的「屏東縣新園產業園區」的基地南側已形成產業聚落，這處占地 35.47 公頃的園區，近 88 快道、台 27 線、台 17 線，交通便捷，縣政府將輔導未登記工廠進駐，紓解屏東在地產業用地需求，讓過去傳統產業轉入合法化與正常化，年產值超過 60 億元，可提供 1,095 個就業機會。ⓟ

●新→舊並存的↓
──────→城市表情○

如果說，產業園區是屏東發展的骨架，各種閒置舊空間活化再運用就是屏東的血肉。

1、20 年前，台灣經過資本主義的大量生產、大量消費、大量廢棄等歷程，衍生空間棄置與社會剩餘的問題，空間閒置久了，烙印上時間刻痕，成為廢墟，廢墟多了，整座城市的活力便漸漸消逝。

「為什麼一定要發展？為什麼一定要前進？是不是停滯使人們恐懼？是不是退步讓人們羞恥？」這是一名居住屏東多年的攝影師的疑問，問號後面的答案，因人而異。

新與舊，沒有絕對的好或不好，可以確定的是，一個有深度、有生命力的城市，總是兩者並存共融，不斷的探索、不停的修正，尋求一種獨特的平衡。

只要經費充裕，拆掉舊的蓋新的，沒有什麼做不到，但屏東追求的始終不只是新，而是將原本的精采，結合現代的語彙，將舊與新合為一體，打造屏東獨一無二的城市表情，其中，屏東市的城中城，就是一次成功的變臉。

身為屏東縣首善之區的屏東市，因少子化、高齡化與城市間的磁吸效應，人口數節節下降，從 22 萬人降至現今約 20 萬人，如何避免城市邊緣化考驗著縣府的智慧，屏東市的勝利星村就是逆轉的起點。

就地理位置來看，這個地區是蛋黃區中的蛋黃，一跨出屏東車站，正前方四線道的中山路，是市區交通主動脈，一路向下延伸，各自構成不同的街廓，主要是國防部留下的舊眷舍與隸屬不同政府部門的舊宿舍，因長年閒置，淪為治安及環境死角，一入夜，整個街廓沒入黑色死寂，人車稀少。

找回城市的活力需要對症下藥，因此，縣府盤點閒置空間，督促管轄機關積極管理，不過，這些眷舍多屬國防部、國有財產局等中央級單位，在地方與中央角色不對等的狀況下，縣府難有作為。

為了突破困境，團隊兵分多路，在法令上尋根溯源，尋找可能的破口；在行政作為上，以地方自治賦予的環、衛、公安等權限，展開強力稽查；從都市發展上，透過都市計畫的通盤檢討，點線面的勾勒屏東新城風貌，多管齊下，總目標是讓屏東市成為「宜居城市」。

只是，一般人光是聽到「都市計畫」四個字，腦海浮現層層法令、預算、審查等程序，總是嘲諷「連孩子都生了，還看不到半個影子」，就算政府做了都市計畫檢討，很少人會當作一回事，多數人抱胸等著看好戲，完全置身事外，沒想到，時間越拉越長，荒廢的空間清理了，綠地長出來了，館舍修建了，整個城市換了一張臉。

「屏東要翻轉的不只是外在視角，而是屏東人根深柢固的思維，如何才能讓屏東人理解，屏東人可以定義自己，首先要做的就是城市翻轉和破裂地貌的縫合，」潘孟安信誓旦旦的說。

於是，縣府採因地制宜的策略，打破舊有界線，進行跨域整合，不過，問題像是打地鼠遊戲，鎚子還來不及敲下，就有另一個問題冒出來，甚至一口氣冒出多個問題，好在，團隊打死不退，像蟻群一人換過一人，一天接著一天，解開一個又一個死結，於是，每天進步一些，公共建設開始由負轉正，在無中生有。

森林裡的發光盒子

一座座源自屏東人思考的公共建設，總是被擋在圍籬後面敲敲打打，工作人員進進出出，大眾根本搞不清楚政府在玩什麼把戲，直到圍籬拆除後，公共建設躍於眼前，揭開完全不同的新樣貌，最典型的例子就是屏東縣立圖書館總館。

行經屏東市大連路的人車，眼神總不自覺的轉向一個發光盒子，在暗夜格外顯眼，這就是大眾口裡「森林裡的圖書館」，在暗夜裡透出立體微光，而館前的公車站牌造型，是一本展開的大書，呼應屏東總圖建築物的光，溫暖而堅定的照亮屏東的未來。

曾經，屏東被稱作文化沙漠，許多鄉鎮圖書館全年新購圖書預算掛零，營運預算低於10萬，令人失去了夢想，遺忘了未來。

縣長潘孟安在一趟縣府團隊考察之旅，恰巧行經阿姆斯特丹圖書館，走入這座歐洲最美之一的圖書館，就此，心中有了藍圖。

建築物的光，
溫暖而堅定的
照亮屏東的未來。

他清楚，閱讀力就是軟實力，因此，8 年來，有關圖書的軟硬體補助、遠距服務、數位圖書系統、文學活動的策劃推廣……，始終是不變的核心，「這種無形的建設，看不到、摸不著，卻是支撐屏東通往未來及世界的橋梁，不僅非做不可，而且還得放在優先位置。」

只是要讓人潮走回圖書館需要有策略，名稱上的調整就是第一步。其實，屏東總圖的前身是文化處，更早以前是屏東縣文化中心，從思維上，明白點出了綜合性文化組織的身分，甚或更偏向行政組織，圖書借閱只是附屬其中的一項功能。

就空間上，漏水、動線不佳、無障礙空間缺乏等老建築的毛病幾乎全都有，與外縣市圖書館相較，老、舊、小、藏書量不足，可以說是樣樣不如人，問題是，屏東根本沒有經費蓋新館，只能設法從不堪用的舊館改裝。

舊與新不是選擇題

老屋再生的唯一機會就是找出特色，再把優點極大化，縣府全面盤點，館址身處萬年溪畔的綠林裡，流水與綠光是位處市中心的獨特優勢，找到了差異點，接下來就是強化差異性與型塑獨特性。

非舊即新不再是二擇一的難題，兩極中存在

著各種可能，設計團隊將建築與自然相融，創造出建築物的層次感，把書的內涵、詩的寫意、畫的線條，融入整體環境中，以「屏東縣立圖書館總館」的名稱誕生，成為台灣第一棟森林裡的圖書館。

「閱讀是我拿著手上這本書，藉由一個章節、一行字，也許可以再因為瞥見窗外搖曳的樹影，想到另一個事件甚至是與自己的關係，」這是建築師陳玉霖之前在媒體訪問時，吐露他對美好閱讀空間的想像。

主要擘劃者陳玉霖建築師曾在一次受訪時，談及這段屏東經驗，他認為，這是一個很不容易的決定，保留記憶和文化累積都很抽象，縣長支持這種想法的價值和意義是很不同的。

就這樣，屬於屏東人的圖書館從夢境浮現，松鼠往樹頂一躍，「嘎嘎」的聲響，確立了這個夢的真實。這座主體的建築、空間、設備、軟裝、藏書……，像是一個包裹著美好的玻璃盒，取代了潘朵拉的萬惡魔盒，掃去了種種陰霾與不安，預告日子終將會轉好。

屏東總圖導引自然天光和綠意身影，加入館內溫暖光線的照明，在保有若隱若現自然光感的同時，也兼具吸引民眾目光的特性，因此拿下 2021 年台灣光環境獎及 2021 年國家卓越建設獎。遊覽車一輛又一輛的來，參訪團來來又

去去，羨慕著屏東人能有這麼一座獨一無二的「屏東縣立圖書館總館」。

在地人喜歡用「我們的圖書館」當作暱稱，因為種種個別化與差異化的設計藏在細節，除了掌中的書冊，影音的浸潤、活動的體驗，視線所及之處皆是知識，就像屏東人的私人書房，成為一處流動的知識平台。

「閱讀的真正價值和意義，不在於我們擁有多少書或讀了多少書，不只是掌握了適當的速度，不只是掌握了足夠的方法，不只是追求知識的增加，不只是可以享受閒情逸趣。閱讀的終極價值和意義，在於我們是否能遇上一本書，讀過了這本書之後，人生從此開始不同，從此開啟了新的夢想與未來。」

關於未來，潘孟安引用了出版人郝明義曾說的這段話，屏東總圖將扮演母雞帶小雞的角色，帶領鄉鎮圖書館跟進，以此為基底，將有溫度、特色的圖書館，向外蔓延……。

近悅遠來的屏東縣民公園

屏東縣民公園則是市區另一條重要溪流殺蛇溪的水岸廊道工程，一個蕭條後再起的真實故事。

過去，殺蛇溪背負著屏東的發展宿命，承載了生活重量與工業遺害，上游的畜牧廢水、中游的家庭生活廢水、產業的工業污水，這些污水日以繼夜的排放，讓曾經的水波綠日漸黯淡而嗚咽，讓人避之唯恐不及，殺蛇溪周邊用地也隨著台糖屏東廠紙漿廠走入歷史而被遺忘。

「這個城市更新方案的執行，是一個抽絲剝繭的過程，」帶隊在第一線執行的城鄉發展處處長李怡德細數，從上游的溪流整治、周邊土地的縫合、城市空間的重塑，到未來產業發展的擬定，一連串整體規劃、爭取補助、進場施工、跨域整合……，都是難上加難的挑戰。

其中，最困難的挑戰是意外的工業遺址，面對突然挖掘到的地下凹槽與水池，讓快轉的工程戛然而止，挖到的是遺毒或寶藏無人知曉，最後找到退休多年的原紙漿廠主任蔡江智，他重返奉獻半生的廠區，指著縣府挖出的地坑說，「這是紙漿廠備料區，是原本蔗渣儲存、卸渣以及進喂（散渣與去髓）等步驟下的結構物，至於 5 個大小不同的正圓形水池，則是處理廢污水的沉澱池。」

重返歷史現場的可遇不可求，讓縣長潘孟安最後拍板定調，決定留下這個生產紙漿的工業遺產，要將原本的水岸綠地加上歷史人文，透過空

把屏東的過去帶往未來。

間的強化與活化，把屏東的過去帶往未來。

　一個以紙漿廠工業遺產活化再現的計畫啟動，設計團隊循著紙漿廠原有的工序邏輯，在殺蛇溪沿線，擬定一整條開發軸線，重塑獨一無二的地景式融合遺蹟。先是爬梳了全區的歷史紋理，定下跨時空坐標，從台糖舊倉庫、五分車路徑、淨水池遺址、鐵軌、紙漿廠地坑區到紙漿廠倉庫，重現一條清晰的糖業發展路徑。

　衍生工程公司負責人李如儀負責統籌設計，她說地坑區域以降挖周圍地形方式，塑造全新的層次感，高低起伏的行走動線，讓地坑充滿探索的可能性，置身其中，感受時光交錯的模糊和異域感，在新舊之間，則以耐候鋼板鏽蝕面貫穿，做為空間的界定。

　走出歷史坑洞，重返地面，5 個去污濾水池的再生，成為截然不同的存在。

　圍籬拆除後，一股嶄新的氣息貫穿了屏東市的殺蛇溪，在石礫、流水、綠地、花香的交錯下，串成一處廣達 20 公頃的城市桃源水岸廊道，一條瀕死的溪流就此甦醒。

　這座天地人合一的公園成為絕佳的沉浸式環境劇場，「蒂摩爾古薪舞集」、「種子舞團」等在地藝術團體經常受邀演出，「優人神鼓」亦量身打造《天地共舞》，創辦人劉若瑀在演出後表示，

「這真的就是最適合曲目演出的場域，天、地、景、樂、舞、人合而為一，鼓聲到現在還在我的腦中震撼，相信你也是吧？」

追風的看海美術館

　在日本，熱海桃山山丘的 MOA 美術館，高海拔可俯瞰相模灣的海景，是一座「看得到海的美術館」（海の見える美術館）。

　在屏東，車城海口，有一座新誕生的看海美術館，坐鎮的藝術家是大自然，山與海、光與影、風與沙，365 天，日日有不同的表情，冷不防，總有靈光乍現的創作，是專屬這座美術館的絕無僅有。

　這座全台唯一面海的美術館，前身是「海口港候船室」，搖身一變，成為「看海美術館」，從候船室到美術館，如同天南與地北，難以找到連結路徑，事實上，最大的共同點，是將人的身體、靈魂各自送到想去的地方。

　車城海口港是恆春縱谷的最北，也是海洋、平原、山地的交界處。承載著高高屏海上藍色公路終點站的期盼，2002 年首航後，因載客率低而喊停，觀光用的碼頭及候船室未能對外營運。這幾年，四重溪溫泉季的活絡，落山風藝術季的導入，候船室空間也在重新整修後開放，成為踏浪、觀夕、賞藝的新據點，讓沉寂的公

共建設再度重生。

為了逆轉海口港的荒蕪，屏東縣政府投入數年時間測試、重塑，把「風」融入「藝術」，讓「風」被看見，多管齊下，情勢終於逆轉。

2018 年，縣府首次舉辦「落山風藝術季」，進行海口港轉型，透過藝術家的思維和轉換，讓風成為靈感，吹入創作。閒置渡船的接駁港口區，搖身一變化作露天美術館，結合恆春半島的落山風，成為獨特的觀光亮點。

這股藝術的風越吹越大，越吹越遠，吹出了海口港「落山風生態體驗園區」的整建工程，重新定位恆春半島的發展軸心與模式。

2019 年，縣府展開海口港基地的整修，將原本的候船室及漁市場當作啟動雙核心，分別轉型為「落山風觀光旅遊中心」、「落山風觀光與生態資源展示館」，打造島南的山海祕境。

2020 年底，這處港口重新改造後，由「看海美術館」領銜重新登場，傳播處處長鄞鳳蘭說，第一階段的硬體改善後，結合策展、藝文、體驗等複合式休閒場域，要讓落山風風景特定區發展成為慢活的療癒天堂。

2021 年夏天，竟有 14 公尺高、400 公斤重的巨型怪獸爬上美術館，讓人以為是科幻片場景，原來是為全新展覽「春江獸月夜──阿咧特展」打造的裝置藝術，同時也是看海美術館的首展。

熱愛玩具的阿咧，喜歡生活觀察，擅長以自身感受和創造力，創造奇幻又前衛的世界。在阿咧的想像裡，這隻來自海底的「春江獸」，在一個花好月圓夜背上行囊，浮出海面來到屏東海口，雙手攀附美術館站立，好奇地探頭，想要知道美術館屋頂有什麼，獨特的創作果然圈了不少粉絲，將看海美術館推向另一波高潮。

2022 年，新年初始，一齣《風潮變》登場，夕陽染紅海面，舞者在落山風下奔馳沙灘，火影、古謠在天地間來回擺盪，這是一場靈魂的解放，一場風的盛宴就此展開⋯⋯。❶

這是
一場靈魂的解放，
一場風的盛宴
就此展開⋯⋯。

●從→過去
──→走向未來○

美，始終是一種客觀的存在，更是一種主觀的認定。在哲學家眼中，不論是西方的柏拉圖或東方的孔子，都將人類生活達到至善的特徵定義為美，而在台灣，美學家蔣勳眼中的美，是一種覺醒。

這種美的覺醒，與屏東推動的城市美學不謀而合，透過藝術、設計的力量融入地方，反而能展現不一樣的生命與活力。

「記憶中的屏東，只有墾丁的畢業旅行，」一位家住桃園、多年未到屏東的女孩，說出印象中的屏東。另一位住在高雄的經理人，曾經西進中國多年，始終認為屏東屬於二或三線城市，直到6年前鮭魚返鄉，每每到屏東，總是驚豔不已。

過去，屏東留給外界的印象，泰半是電視上那種俗俗的、土土的，很生猛的農業縣市，或是年假來享受陽光與海洋的小鎮。

8年來，從北到南，屏東縣總圖、屏東縣民公園、屏東勝利星村、屏菸1936文化基地、車城看海美術館，「屏東」這個字眼經常活躍於全台，創造一個又一個驚嘆號，寫下獨一無二的屏東美學。

外界看到的，是觀光角度的熱點，其實，屏東的改變是由點到線而面的區塊式再生，潘孟安細數8年的目標，是型塑一處處的城鄉再造。

屏東城中城

屏東市北區的街廓縫合樣貌逐漸明朗，潘孟安緩緩道出他的整體規劃，屏東縣立體育館的主體整建與綠帶設置完成，屏東書院園區的修建，成為街廓再造的一處核心點，串聯街角的幸福公園停車場與共融公園，一路連接到公園

路的屏東美術館、武德殿、百貨公司與商場等，是兼具商業購物、運動休閒、藝文展場的屏東市中心黃金街廓。

勝利路另一側的日式建築區，可從重建後的通海區，一路延伸至中山路的日式建築群，這兩大街廓比鄰，構成最獨特的幸福休閒區帶。

屏東文化金三角

「知識，既可以是資本、原料，更可以是產品。屏東菸葉廠正是適合儲存、發展、昇華知識的絕佳場所」，這段話張貼在屏東菸葉廠的入口處，縣政府要推動的是，以屏東菸葉廠串連起周邊的學區、縣級藝文場所、公共空間，發揮群聚綜效，成為屏東的藝文知識廊帶。

以屏東產業史上極具代表性的菸葉廠做為醞釀文化的基地，規劃設置「菸葉主題館」、「屏東客家館」、「屏東原民館」、「縣級美術館」、「屏東縣典藏中心」等，藉由博物館與美術館的專業研究、典藏、展示與推廣，打造品牌化的屏東縣博物館群。

屏東舊菸廠面積廣達 4.2 公頃，地上建物計有 29 棟，停工多年，廠內寬闊廠房和巨大機具迄今仍完整保留，展現十足的工業氣息。

這處場域位於屏東市區的黃金地段，且與演藝廳只有一路之隔，縣府將全區分三期開發，利用老舊空間活化的文創經營策略，要讓菸廠與鄰近的屏東大學、屏東演藝廳發揮相互加乘的效益，成為屏東的文化金三角。

屏東書香雙子星

閱讀是創造力的基礎，屏東總圖與復興圖書館都是以新舊建物結合的方式擴大占地空間規模，讓建築物與周邊地景融合，成為縣內鄉鎮圖書館的指標性建築物。

文化處圖書資訊科科長張闓評指出，屏東總圖以每週上架 1,000 冊新書，滿足讀者大量的閱讀需求，2019 年及 2020 年連續兩年，在縣市評比獲得「整體閱讀力躍升城市」與「民眾每人擁書冊數」績優城市，每人擁書冊數已從 2.06 冊提升至 2.14 冊，未來將利用總館資源帶動各鄉鎮、學校圖書館，扮演領航全縣公共圖書館的角色。

屏東鑽石新藍帶

原本被鐵路、公路、河流、台糖廠區切割的土地，破碎又零星，縣府整合台糖與沿線的國、公有土地，串聯鐵道沿線破碎空間，打破其中的隔閡，弭平城市發展的不均。

對內，縣府跨局處合作，由城鄉發展處的殺

蛇溪水岸綠廊整治計畫領銜，擴及工務處主導
的鐵路橋下自行車道網、水利處的殺蛇溪沿線
污水截流與水質淨化、文化處的歷史場域再造。

　對外，縣府與自來水公司、台電公司商討整
合周邊管路，進行殺蛇溪沿岸高壓電地下化工
程，消除屏東市建南路到縱貫鐵路變電站間約
2.8 公里的高壓電塔 50 座，不僅讓沿線近千戶
住宅安全獲得提升，更還給該區清朗的天際線。

　潘孟安為屏東過去 8 年的蛻變做了總結，
他說，這段時間來，屏東人自省、自覺與自
發，讓舊區域重生，宣告屏東不再只是名稱或
Logo，而是將屏東的內在性格，外顯於城市改
造之中，可以大步走向更深、更遠、更具底蘊
的新未來。Ⓟ

財政

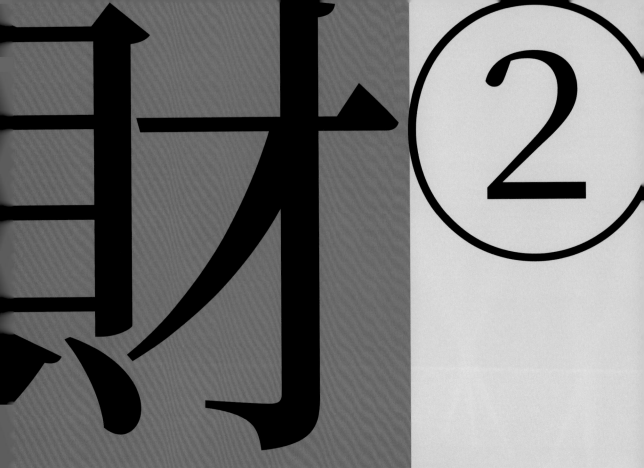

②

屏東人盡了義務納稅，但各種交通、醫療、公共建設卻遠遠落後其他地區。

真實，煉金術 →

在北歐，人的一生從搖籃到墳墓，每個階段都享受著不同的社會福利。

北歐各國鼓勵生育，生孩子有獎勵，多生多獎，幼兒在幼兒園裡一切免費，小學、中學、大學，從學費到吃住都免費或享受高補助……。然而，羊毛出在羊身上，種種令人稱羨的社會福利來自納稅，是以 30% 到 50% 的高稅收來支付各種福利開支。

在台灣，每年固定要繳納的稅額有 4 月汽機車牌照稅、5 月綜合所得稅和房屋稅，以及 11 月的地價稅等，尚不含其他資產轉換或營業交易衍生的稅款。

明知政府收入主要來源是稅收，但一般民眾還是最怕繳稅，尤其是經常阮囊羞澀的市井小民，口裡總叨念著「萬萬稅」，因為分毫都是血汗錢。

對屏東人而言，更多了許多愁，因為屏東人盡了義務納稅，但各種交通、醫療、公共建設卻遠遠落後其他地區，重大建設總在高雄就止步，讓屏東人覺得不平，發出怒吼，力爭交通平權、醫療平權，要求公平對待。🅟

在屏東，過去總被視為窮鄉僻壤，整個歲入來源是以中央補助款為主，補助收入與稅課收入所占比重最高，合計占歲入九成五以上，至於總支出，連年來，過半收入皆投入在人事費。

巧婦難為無米之炊，捉襟見肘的財政，直接影響到建設的推動與社會福利的發展。

屏東縣財政來源長期仰賴中央政府，但《財政收支劃分法》卻未配合區域整併修正，隨著時空背景轉變，益發凸顯其中弊端。

粗略比喻，中央統籌分配款像是地方政府的「底薪」，有一套嚴謹的計算方式，且多年不變，中央的各種補助款，就像是「獎金」與「紅利」，可用在各項建設發展，成為地方政府戮力搶攻的戰場。

● 財政 → 葉克膜 是 ← 歷 史 ← 共 業 ○

「你不理財，財不理你」，
身為屏東人，需知屏東債。

在萬物齊漲的年代，
人人勒緊褲帶，
只為平衡開支，以免成為月光族，
人人對於自己帳戶裡的數字錙銖必較，
但，你知道屏東縣政府欠了多少錢？
身為屏東人，身上究竟揹了多少公債？
唯有知道問題所在，才有可能扭轉變局。

●穿→草鞋的↓
───→庄腳囝仔○

曾有美國社會學家說過，「出生在 20 世紀的瑞典好比是抽中大獎」，在社會福利的樣版國家，生活能夠得到充分的保障。那，生長在台灣的屏東呢？先天不足加上後天失調，或許並非人人都是穿草鞋的孩子，但也絕不是銜金湯匙出身。

回到屏東自身來看，屏東的困窘難道肇因於屏東人不努力嗎？

屏東縣政府財稅局指出，屏東的自有（籌）財源偏低，主要是產業結構讓地方稅收偏低。

身為農業大縣，偏重初級產業，農林漁牧產值平均約 700 億，卻無法轉為實質稅收，且配合中央扶植農業政策，農地於 1987 年停徵田賦後，使得屏東縣財政更加困窘，加上現行稅課收入的稅目、稅率、稅基調整不易，公告地價及土地現值無法反應市場交易價格，致使自有

（籌）財源長期嚴重不足。

過去歷年的歲入歲出差短，需仰賴舉債彌平收支，以維持縣政運作，財政逐年病入膏肓，尤以 2009 年間，全球發生金融海嘯，國內經濟大幅下滑，造成稅收短徵，加上莫拉克颱風重創屏東縣，公共設施及農林漁牧災損嚴重，災後復建經費龐大。

面對歲入的嚴重短收，又無法控減經費支出，當年度歲入歲出短絀高達 26.64 億元，歷年累計短絀總額 137.24 億元，致日後年度財政連年赤字，累積債務持續攀升，瀕臨《公共債務法》規定的舉債上限。

在歷史共業下，2014 年 4 月，有一項民間雜誌社所公布的「台灣 20 縣市財政昏迷指數」評比，屏東縣財政被列為「重度昏迷葉克膜區」。

該年底上任的縣長潘孟安，為屏東發出不平之鳴，原有的稅制計算、分配及運用，有諸多不公平之處，日積月累下，才會讓屏東財政陷入紅色警戒區。

他以統籌分配款計算公式為例指出，其中一個變項是按照工商產值的貢獻度來衡量，不納入農業產值，偏偏屏東是農業大縣，儘管農林漁牧年產值從 500 億進步到 700 億餘元，卻無法轉換分配到實際稅款。

追根溯源，他認為根本之道，是《財政收支劃分法》的修正，但在中央法令修正前，地方總不能坐以待斃，於是，他火力全開，帶領團隊力爭中央的一般性補助款和計畫型專案補助款，為屏東導入活水。

對內，他落實「不舉新債」、「償還舊債」、「建設不等待」的理財原則，對預算編列嚴格把關，減少不必要的支出，同時積極擬定還債準則，包括累積長短債分期攤還、逐年編預算償還舊債。

到底錢從何而來？就連地方民意代表也好奇，一度以為屏東縣政府「賤賣資產換現金」，後來調閱資料發現，既沒賣資產，又還了債，負責持家的潘孟安到底有何獨特的煉金術？ⓟ

不須再時常為
籌措各種支付款項
而煩惱。

● 失衡的 ↓
→ 財政劃分 ○

「錢非萬能，沒錢卻是萬萬不能」，這句話套在地方政府身上，更是一針見血。

在現行台灣《財政收支劃分法》的分配制度下，地方政府個個喊窮，尤其是六都之外的縣市首長，經常抱怨巧婦難為無米之炊。

潘孟安在 2014 年 12 月上任時，屏東縣長期債務達到 190.22 億，短期債務也有 88.61 億，長短期債務合計高達 278.83 億元，已逾《公共債務法》規定債限 90%，中央要求屏東縣提出債務改善計畫，並列管在案。

「一開始很緊張，亦步亦趨的思考如何健全財政紀律，」潘孟安坦言，當年看到財政赤字著實嚇了一跳，龐大欠債是歷史共業，解決財政惡化是他無法迴避的責任，在阮囊羞澀下，思揣著該如何持家。

年輕時，大江南北的闖蕩，養成敏銳的商業嗅覺，潘孟安擔任民代期間，熟稔台灣經濟脈動與財務結構，深諳企業思維，種種歷練下，讓他得以用屏東 CEO 的身分，重整屏東的財政紀律。

他的財政策略是調整收支，落實節流，嚴審預算及強化經費執行效益，此外，靈活調度縣庫的現金流量，大幅降低短債，節省債息。

靈活調度，開源節流

財稅局局長程俊指出，當時縣府舉債瀕臨上限，為解決縣府現金流問題，縣長密集召開會議，反覆討論及研究法令後，於 2015 年 4 月 1 日起，依《公庫法》第 21 條規定，將散落於各局處的基金及專戶全面納管集中支付，以大水庫的方式，讓縣府各項資金能統一調度運用，自此打通任督二脈，不須再時常為籌措各種支

付款項而煩惱。

潘孟安回想當時提出「舉債還債」的概念時，被說「頭殼壞了」，但他知道，這項作為是要替奄奄一息的財政，爭取喘息和轉圜的空間，藉以逐期攤還長短債。緊接著，盤點非必要開支，公體系總是依循體制或慣例而為，存在很多非必要開支，他要求所屬機關全面盤點，杜絕浪費。

在「減債不增債，建設不等待」的策略下，屏東連年歲入大於歲出，自 103 年度至 109 年度累計決算賸餘 99.51 億餘元，連續 7 年正成長，不舉新債，更還了舊債。

參與體質強化的主計處處長郭丁參，點出屏東開源與節流的作為。在活水部分，屏東縣加強稽徵違規農地及房地使用狀況改變的情形，另清理各項欠稅、合理調整土地公告現值與公告地價、重新評定房屋標準價格、開徵土石採取景觀維護特別稅等措施，以增加縣庫收入。

非稅課收入部分，加強公有財產管理、活化閒置空間、引進民間資源參與投資及營運、辦理市地重劃及抵費地標售、增加活化土地開發利用、辦理河川疏濬並採取土石採售分離作業，這些都為屏東財政注入不少活水。

錢數不足一百，仍當作百錢使用。屏東縣政

府持續控管組織與員額結構的合理性，整併機關業務，部分採委外辦理，以提升人力運用彈性。為因應少子化趨勢及教育型態多元化，檢討學生人數及班級規模，推動國中、小學委託私人辦理及非營利幼兒園委託經營管理等。更將基金專戶納入集中支付，以大水庫概念，靈活調度庫款，降低未滿 1 年公共債務未償餘額規模，提升資金運用效率。

至於各種令人驚豔的社會福利，屏東的做法不採取典型的現金津貼發放，改以投入經營優質的生活環境，透過良幣驅逐劣幣的正向循環，提升全民的幸福感。

這些財政的轉變始終公開透明，定時在全球資訊網公布即時財政狀態，舉例來說，縣府揭櫫的最新情報是：「截至 2022 年 2 月底止，縣府公共債務情形如下：（一）1 年以上債務未償餘額為 103.60 億元。（二）短期債務未償餘額為 0 元。（三）平均每人負擔債務 1.3 萬元。（四）自償性債務未償餘額（含非營業特種基金）為 17.29 億元。」

當財政策略簡單明瞭，財政運作公開透明，各種施政作為自然跟著水到渠成。

松鼠挖洞存糧

屏東在財政用度上的斤斤計較，讓人誤以為

要過著縮衣節食的苦日子，偏偏屏東大小活動春夏秋冬全都有，全國或國際運動賽事更是月月登場，就連預算龐大的交通、教育、文化、衛生、社福、水利等軟硬體建設，也一個接一個完成。

「哇塞，你們屏東可真有錢，建設一個又一個推，活動一個接一個辦，廣告一個接一個登，經費到底從何而來？」就連早已移居天龍國的屏東人都忍不住回頭問家鄉的父老，真相到底為何？

掀開帳簿，一翻兩瞪眼。中央統籌分配款這塊大餅，六都占去總額約 61.76%，其他 16 縣市共分 24%，剩餘撥補鄉鎮，潘孟安說：「統籌分配稅款有一套既定公式，除非修法，短期內難以撼動，只剩一般性及專案補助款的這個區塊尚有可為的空間，於是，將其鎖定為屏東建設經費的主要來源。」

事實上，屏東獲得中央的重大公共建設計畫及前瞻基礎建設預算補助規模逐年成長，歲入決算數自 103 年度 318.48 億元，增加至 109 年度 445.89 億元，成長 40%。

中央對直轄市與縣市一般性及專案補助款的前 4 名都是屏東縣、台南市、彰化縣和高雄市，4 地排名有著微妙的變化，屏東縣是一路急起直

追，從 2016 年、2017 年排名第三，2018 年排名第二，到 2019 年躍升為第一。

2020 年，中央對直轄市與縣市一般性及專案補助款共計 1,762 億元，奪冠的屏東縣獲一般性補助款 115.2 億元、專案補助款 34.4 億元。

行政院主計總處官員曾表示，分配一般性及專案補助款時，會考慮到差短補助、平衡預算補助，及獲配普通統籌分配稅款的情形，因此，直轄市、縣市如自有財源比較不足，就可獲配較多補助款，才會出現屏東縣完勝六都的情況。

只是各地方政府使出渾身解數向中央爭取補助，屏東為何總能出線，而且還越要越多？「我又沒比人卡巧或卡緣投，」潘孟安直白的說，說穿了，就是「骨力」而已。

自助而後天助，機會總是給準備好的人

據縣府的一級主管透露，團隊成員最怕縣長北上開會，因為大家常常是搭第一班高鐵北上，搭最後一班高鐵回，每一次，老闆都會帶著處長、科長、承辦人，拿著完整提案穿梭在中央部會裡，全天行程密密麻麻，就連水利署、國產署、台糖公司等機關也得去。

潘孟安直言，錢不會自己從天下掉下來，拿下競爭型補助款得靠真本事。過去在立法院期間，熟稔部會運作與財務結構分配，因此，各局處隨時會有備妥的計畫案，只要一有機會就提出，像松鼠一樣四處「挖洞存糧」。

他透露，每到年底更是「賺外快」的時間。9 年立委的歷練，讓他深知中央單位預算執行到年底總會有剩餘，且有預算執行完畢的壓力，因此，他指示團隊用縣款備妥各類先期計畫、規劃案或小型案件，只要中央一開始調查需求，縣府就能掌握時機遞出，拔得頭籌，雖然金額沒有正規提案龐大，但對整個計畫案具有承先啟後的效益，每每都能小兵立大功。

有一回，他帶隊參加經濟部的地產基金補助款進行提案簡報，補助金額僅 1,200 萬元，其他縣市連局處長等級都未出席，他卻親自上陣簡報，與會委員直言，從沒看過首長帶隊做專業提案，實力加誠意，補助自然到位。

不過，潘孟安說，也有中箭落馬的時候，即使在會中跟委員全力力爭，最終仍然扼腕而歸。

但，錢就這麼一點一點的攢下來，一塊一塊的存下來。⑫

錢就這麼
一點一點的攢下來，
一塊一塊的存下來。

●籌資→不募款，
────→廟宇→捐建設○

「就算窮，也要窮得有骨氣，更不能窮孩子」，這句話是屏東縣政府團隊的寫照。

過去偏鄉學校常會有出國比賽募款等情況見諸媒體，但潘孟安卻極不願見到屏東的孩子向外界伸手，在校長會議中，三令五申，只要是學生有需要，提到縣府來，縣府定會全力協助，絕不要讓孩子拋頭露面去要錢，一定要確保孩子的尊嚴，做個手心向下的人。

剛開始，這樣的要求沒被認真看待，有些偏鄉小校依循舊例，對社會募款或物資，立刻就被長官釘得滿頭包。隨後，縣府立即介入了解需求，適度給予支持，同時告誡不得再讓學生站到第一線募款。如今，在屏東要看到學生募旅費或餐費的情況已不復見。

此外，為了避免與財團有過度牽扯，屏東縣政府總是保持一定距離，必須在公開、透明、情理法兼具的情況下，謹慎而為，以免招致外界不必要的聯想。

屏東縣推動三級五區的體育政策，但，投資運動是需要長期的經濟奧援，縣府主動寫下說帖，向企業集資，以屏東棒球隊紅尾隊為例，每年支出經費約 3,000 萬元，其中，屏東縣 9 家地方企業給予支持與鼓勵共捐贈 1,000 萬元，讓城市棒球隊不僅由縣府培育，更成為縣內所有民眾的期待。

但，民間資源就只能募款嗎？屏東縣其實用了更聰明的方式，創造多贏。

就像現代「入厝」，屋主擬出需要的家電或家用品，公開讓親朋好友自行認養，當公共建設或公共活動有缺口，便開放給民間公開具名贊助，甚或借用企業的資產設備，用後即歸還，創造雙贏。

以 2019 年台灣燈會在屏東舉辦為例,當時需要大量的電視螢幕,若添購需要很大一筆費用,活動結束後的設備也無處可去,經協調,縣府向奇美實業短期借用到一批備用設施,待燈會結束後歸還,工作既能達標,又不會浪費物資或經費。

此外,專門救助弱勢者的物資銀行,集結國內與屏東企業的愛心,提供自家產品,讓企業不必另外花錢就能送愛心給需要的人,就連保險也是如此。

2016 年起,屏東縣開辦低收入戶及中低收入戶集體投保型微型傷害保險,2019 年起再開辦團體微型傷害保險,增加主動投保模式,並擴大為具輕度、中度身心障礙證明者投保,正是由財團法人南山人壽慈善基金會全額捐助,微型保險開辦迄今,累積金額達約 855 萬元。

除此之外,縣府與民間共利的省錢之道還包括與廟宇合作。

屏東廟宇數量在全台名列前茅,各種宗教興盛共存,在宗教行善的基本思維下,向來對於公益不遺餘力,縣府因勢利導,將善舉有系統的導入公共建設。舉例來說,屏東推動公共運輸的 Pbike,每一個站址設置動輒成本數 10 萬元,屏東百年老廟慈鳳宮、天公廟等廟宇紛紛認捐 Pbike 站,創造廟宇、縣府、民眾三贏。

另在疫情發生初期,台灣口罩短缺,縣府出資邀請設計師以屏東特色水果,設計鳳梨、蓮霧、芒果、火龍果、西瓜、香蕉及檸檬等水果口罩,分送給醫護與弱勢團體,設計費由縣府支付,製作費則由廟宇等民間團體贊助,且將部分口罩回歸廟宇,官民再一次合作濟弱,達到政府、企業、民間等三贏目標。🅟

歲計連正數，全國拿第一

2022 年主計總處編列的一般性補助款，全台 22 縣市合計共編列補助 1,965.46 億元，其中以屏東縣、彰化縣、台南市最多。

潘孟安上任時，屏東縣長短期債務合計高達 278.83 億元，已逾《公共債務法》規定債限 90%，7 年下來，截至 2022 年 2 月底止，短債 88.61 億歸零，長債剩 103.6 億，總計還 175.23 億，從葉克膜等級走到可以健步如飛的財政紀律，7 年節省 9 億利息支出，做為社福或地方建設需求。

財政為庶政之母，從財政支出可窺知屏東的發展重心，教育科學文化成長 41.6%、經濟發展成長 69.7%、社會福利成長 80.9%，社區發展及環境保護支出更大幅成長 142.7%。

縣府更推動各種大型公共建設，從看不到的水利、社會福利到文化建設等，近年都有巨幅成長，但負債卻連年減輕。過去 7 年，開源節流奏效，屏東的歲入連年大於歲出，預算規模逐年成長，歲計賸餘連續 7 年正數，全國第一。

屏東縣營利事業銷售額更從 2015 年的 3,762 億元，增至 2020 年的 4,349 億元，年年持續成長，也增加了就業機會。

至於縣民的負債，從 2015 年平均每位縣民需負擔債務 3.1 萬元，截至 2022 年 2 月底止，平均每人負擔債務降為 1.3 萬元，短短 7 年，每個人減少了近兩萬元的債務。

縣富民強，屏東人才能安居樂業，縣政府沒有自怨自哀的權利，一方面得攢錢還債，另一方面更要加速建設腳步，開源節流齊頭並進，就是要讓屏東人過上更好的日子。🅟

要讓屏東人
過上更好的日子。

行銷

創意並不虛幻，每一個經歷都是創意的養分，是一種知識的累績與生活經驗碰撞出來的產物。

298

屏東，新品牌

→

比爾・蓋茲說：「創意有如原子裂變，每一盎司的創意都能帶來難以數計的商業奇蹟和商業效益。」

創造是條尋尋覓覓的路，尋找的不是答案或靈光乍現的瞬間，而是趨近於人心的追求，打開那個關鍵的按鈕，找到共鳴之處，而在政策的推動上，就是盡可能創造更多的共鳴，成為通往下一個世界的通行證。

但，創意並不虛幻，可以來自任何地方，每一個經歷都是創意的養分，是一種知識的累績與生活經驗碰撞出來的產物。

反觀，大多數體制或組織的停滯不前，往往是習慣於僵化的管理模式，讓組織失去適應力、創意力與活力，但未來是一個不斷變化和充滿挑戰的世界，我們需要一個充滿彈性、創新精神和大膽改變的組織。

8 年來，屏東縣府團隊打破體制，利用組織的經驗，破解過時的管理系統與流程，將屏東精神、市場、用人唯才、共同體、開放、實驗等核心精神嵌入組織的 DNA，成為創意的行政團隊，其發展更與策略大師蓋瑞・哈默爾（Gary Hamel）提出的激發創造力的組織革命——人本體制如出一轍。

從 Good Idea 開始，確實的實踐，創造屏東價值，為人們帶來實質生活中或心理上的滿足，縣府的存在才有了真正的意義。🅿

有人說，失敗一點也不好，
不僅耗了金錢，傷了士氣，賠上聲譽，
甚至還可能釀成悲劇，
對公部門而言，更多了風險，
然而，若是無法承擔創新所付出的風險，
就會在「不做不錯」的組織文化裡
原地踏步。

從硬體的建設到軟體的思維，
一個接一個點子冒出來，
從自我挑剔開始，
當修正成為一種習慣，改變就有了可能，
而且，總會讓人有意想不到的成果。

創意，柔軟了巨人，
一路下來，
創意農民曆、特色文創品、創意名片、
縣政刊物、屏東廣告節……，
種種施政作為，常令人眼睛為之一亮。

挑戰的過程總讓人膽顫心驚，
卻終能創造璀璨的新火花，
照亮未來之路。

創意
柔軟了
巨人

創意是一種生活態度，也是國家的軟實力。

屏東縣政府跳脫制式，推出諸多的變革、做法、政策、規劃……，當然，不是個個成功，有些創新想法胎死腹中，有些不斷更新，有些則是一炮而紅，最重要的是，不會因為失敗而不做，反而讓失敗化作成功的一部分。

●與民眾
──→即時接軌的→ App ○

一切，都是從貼心開始。

2015 年開始，縣府以心貼心，要求第一線公務人員，接電話的應話速度與口條，需要進退有據，凡有民眾進入縣府洽公，一律奉茶招呼，就是要打破大眾對於公部門的刻板印象。

面對數十年不變的基本業務，縣府在所屬機構開始求新求變，從戶政、地政、財稅、消防等高專業度又與民眾權利息息相關的組織，開始大量運用現代數位設施，努力帶給民眾便利與貼心。

消防局設立了「屏東防災通」App 提供免費下載，功能包括「即時訊息推播、屏東氣象通、防災訊息報你知、避難處所引導、防災宣導知多少」等服務。一旦遇災，App 可提供查詢即時颱風動態、雨量、土石流、交通封阻及停班停課等各項最新資訊，亦可透過開啟 GPS 定位進行地圖指引，規劃至最近消防、警察、醫療及避難收容據點的路徑。

另外，系統更整合縣內重要橋梁、河川水位及路口監視畫面，讓大家在災時能零時差掌握防災訊息，避免災害發生。

對於法院訴訟有疑問，更以網路代替馬路，使用戶政遠距視訊貼心解惑，輕鬆又便利。

地政服務亦打破框架，首創全國地政 i 服務 App，結合全國四大超商上萬據點，可申領所有權人本人的第一類地政電子謄本服務，所有權人只需於每日上午 8 點至下午 9 點，持自然人憑證走進全國任何一間門市即可申辦，讓遇上土地買賣等問題而急需一類戶籍謄本的民眾，能夠立刻解圍。

此外，各地政事務所積極與轄區來義、瑪家、

泰武、三地門、霧台、枋山、獅子、牡丹 8 個山地鄉鎮及離島琉球鄉合作，建置地籍資料申領平台，這些地區的民眾可至鄉公所臨櫃申領土地及建物登記謄本、地籍圖、建物測量成果圖等地籍資料，且隨到隨辦，解決民眾舟車勞頓之苦，不必再為申領資料而遠走他鄉。

從此，屏東超商能申請地政謄本，土地鑑界也能當場核發複丈圖。

至於財稅問題，民眾亦可透過財稅局遠距視訊服務系統，就近至 31 個遠距視訊服務據點，透過網路視訊與櫃臺人員洽辦地方稅及查調財產所得等 20 項稅務服務，只要有視訊，就沒有距離。

此外，「屏東ㄟ公車」、「Pbike 屏東公共自行車」、「屏東好交通」等 App 皆可提供即時的一手情報。Ⓟ

●屏東，
→總是捉得住→我○

各屏帶將
地東到歡
。 樂

2017 年，屏東縣跟上全球的機器人風潮，領先全台舉辦機器人面試會，由縣長潘孟安親自擔任面試官，應徵者竟是時下最夯的 Pepper 機器人。

Pepper 一出場就先自我介紹，報上了身高 121 公分、體重 29 公斤等基本資料，更透過內建的 7 種遊戲及 7 首音樂舞蹈，展現靈活關節與靈敏反應度，甚至輸入了縣政府的活動訊息、重要政策以及各局處位置，每當有人靠近時還會主動請安問好。

面對提問有問必答，潘孟安請它猜猜自己的年紀，結果 Pepper 竟然回答：「你的年齡比實際還大喲！」更在螢幕秀出「70 歲」的字樣，逗得縣長哭笑不得。但潘孟安馬上給 Pepper 下馬威，「在縣政府工作可不是件輕鬆的事喔！」Pepper 立刻接招回應，表示連續工作 8 小時以上絕對不是問題，請縣長放心，還開玩笑的表示它也想要《勞基法》的保障。

首位應徵者經縣長潘孟安一連多題的趣味對話後，正式成為縣府一員，Pepper 得知錄取，高興得跳起舞來表示：「以後我會很忙喔，大家都要跟我拍照，縣長你該不會吃醋吧。」

科技感的 Pepper 擁有解讀情緒的功能，也善於與民眾互動，縣府引進四組人形機器人 Pepper，除擔任縣府導覽員，接待洽公民眾，以及提供政策訊息，還會在特定時段讓 Pepper 大秀舞技和歌喉，吸引大批家長帶著孩子來縣府與 Pepper 一起互動。此外，更安排 Pepper 至各鄉鎮學校、社區關懷據點，與孩童及長輩同樂，將歡樂帶到屏東各地。

潘孟安直指，屏東不只有幸福感，還要帶來科技感，引進世界最新的人性科技為民服務，就是要讓民眾有感。

從表面看，人形機器人公務員是一場秀，但隨著機器人下鄉，與據點長者一起做體操，逗長輩開心，進而前進校園，勾起孩子對機器教育的好奇，這才是 Pepper 的真正職責，也是帶領屏東邁向數位時代的里程碑。🅟

求婚小綠人，
屏東 → 紅到 → 國際

科技始終來自人性的故事，延伸到交通號誌上頭。2018 年 2 月 14 日的情人節，屏東縣政府在 25 個路口裝設了「求婚版」的行人標誌燈，讓「單身」快 19 年的小綠人成功脫單。一位走遍世界各國的加拿大華裔訪客，在屏東走山訪水後，手機裡獨獨留下屏東的小綠人號誌，直呼「太有創意了！」

小綠人的設計者是屏東縣警局交通隊副隊長程大維，他說，下跪是靜止不動的動作，紅色燈號亦代表求婚進入臉紅心跳的階段，待綠燈時兩人攜手同行，則含有相互扶持的意義。

這款求婚版的小綠人，更讓外國媒體為之風靡，英國廣播公司（BBC）以「台灣的行人號誌人有女友了！」（Taiwan's pedestrian crossing men get girlfriend!）為標題，讓台灣靠交通號誌紅到國外。

這個號誌是用 1,024 個 LED 燈組裝而成，運用設計好的動畫程式來呈現細膩的求婚動作，是全球唯一、也是台灣第一，希望能夠吸引年輕人在屏東成家、築夢，在少子化的年代，為台灣創造競爭力。

後來，屏東縣的創意小綠人持續進化。緊接著推出懷孕牽著小孩的家庭版，以及長輩版，仔細一看，長輩版的小綠人進化成拄著拐杖的老伯伯，前面還有另一位小綠人牽著過馬路，模樣特別溫馨可愛。

屏東在推動之初，一度引起中央主管單位提醒，需考量交通安全的功能性，於是日後在設計時，於紅燈亮起時，特別在旁邊立牌，提醒準備過馬路的民眾要留意安全，經過反覆調整後，小綠人交通號誌不僅造型活潑，就連讀秒秒數、號誌亦特別加寬加大，就是讓長輩過馬

"Keep Safe For Your Loved Ones"

The project brought significant impact on improving the road safety condition in Pingtung. The launching event combined with the Valentine's Day was extremely successful, almost every mainstream media in Taiwan reported this attractive story.

Furthermore, we gained wide attention from international media from over ten different countries across the world, including BBC, Time and ABC, as well as being one of the hottest topics on social media platforms.

The slogan of "Keep Safe For Your Loved Ones", which is the core value of this project, has become a classic case of the public relationship and social influence in Pingtung.

Media Coverage & Social Influence

總是
多一分
創意!

屏東

路時，看紅綠燈號能更省力，因為這項做法叫好又叫座，不少地方政府紛紛跟進。

防疫的創意，安心又有特色

事實上，屏東有很多創意的做法，重點不只在亮眼行銷，說到底，就是一份貼心和用心。點子王潘孟安說，屏東資源有限，沒辦法花大錢做宣傳，但宣傳不一定要花錢做廣告，而是時時把屏東放在心頭，靠創意來吸睛，前提是，要貼近民眾的需求。

譬如，為鼓勵民眾施打疫苗，縣府與各大宗教團體合作出資，施打一劑疫苗給 500 元現金，好康的事立即吸引民眾排隊打疫苗。

防疫期間，口罩成為防疫物資，縣府推出一系列屏東專屬口罩，融入鳳梨、火龍果、西瓜、蓮霧、香蕉、檸檬與芒果，更將水果的各種角度、剖面，轉為現代幾何的方式呈現，用特產的酸甜化解生活的苦悶，不僅為單調制式的口罩增添樂趣，一掃疫情肆虐的陰霾，也結合了屏東在地的文化，將防疫與宣傳揉入口罩設計中。ℙ

●用→創意↓
────→打天下○

「您好！這是我的名片。」縣府將屏縣的文化及生態融入名片設計，推出 14 款圖樣，包括蓮霧、芒果、可可、黑鮪魚、蝦子及稻田等象徵富饒的農漁產業；客家藍衫、原民圖騰、眷村紅門則代表多元文化，再加上景點山川琉璃吊橋、溫泉、燈塔、綠蠵龜、恆春城門，提供員工自由挑選，簡單明瞭的設計，只要一出手，總能令對方產生驚豔感。

旅遊手冊也不再只是摺頁式宣傳，改以主題式、專業式的編纂，達到重點行銷。縣府發行的旅行指南《關於屏東的 6 件事》，一夕暴紅，被譽為最美旅遊手冊，此外，再接再厲出版《屏東特有種》一書，一改傳統型錄式景點介紹，深入的將屏東在地特有人文、物產及文化等匯集成冊，搭配童話風格插畫，勾勒出屏東獨有且多一度的溫暖情感。

屏東縣刊亦脫離傳統官方刊物，搖身成了文青且時尚的雙月刊《AMAZING PINGTUNG》，令民眾驚呼美到不敢置信是官方出版！凡此種種，均是要打破民眾對於公部門的框架，打造屏東美學，另一本屏東縣文化處發行的季刊《屏東本事》，繼獲得第 43 屆金鼎獎優良出版品推薦後，又摘下金鼎獎。

這股創意火花引發咖啡廳業者的想像，將自家咖啡杯融入海報，具創意又有特色，官民攜手用創意打天下。

縣府說故事功力一把罩

屏東的創意行銷、故事行銷、特色行銷等功力一把罩，這幾年，縣府將三者合而為一，鼓勵或補助不同類型的影像創作，接連拿下各種獎項，讓世界看到屏東。

傳播處處長鄞鳳蘭說，縣府之前推出的觀光

跳脫公部門
美學框架。

VERY PiNGTUNG 屏東不事 17

VERY PiNGTUNG 屏東不事 17

BEYOND
The
RIVER

歡河流
說屏東的故事

BEYOND
The
RIVER

歡河流
說屏東的故事

BEYOND
The
RIVER

歡河流
說屏東的故事

VERY PiNGTUNG 屏東不事 18

超火的

有個夢

一座座候車亭，
是具有在地表情的
城市家具，
散發著文化魅力。

宣傳廣告《Where?》曾拿下 2020 年美國高峰創意大獎（Summit Creative Award）旅遊組的銀獎。

2021 年，在美國高峰創意大獎中，《屏東，總是多一度》的影片，獲旅遊組銀獎，在 20 個國家超過 3,800 件參賽作品中脫穎而出，《屏東好好》則獲不分組最佳影片，更是台灣公部門第一個拿到這個獎項。同年，《屏東，總是多一度》又在日本國際觀光影像節拿下第二個國際獎，獲得最佳東亞影像獎，讓屏東躍上國際。

「i 屏東～愛屏東」臉書粉絲專頁，則以軟性、幽默的方式，提供即時訊息，並增加互動橋段來拉近與民眾的距離，並多次與網紅合作，透過影音行銷，加強宣傳力道。

候車亭成為美學創意櫥窗

您以為屏東只有這樣嗎？ NO、NO、NO，街頭的候車亭更有看頭，現已是另類的地景藝術，創意又吸睛。

為營造城市美學，縣府將公車候車亭依地理特性融入藝術，繼以海洋貝殼、衝浪板造型呈現恆春半島豐富的自然生態，後又在屏東市勝利星村創意生活園區兩座候車亭，分別用復刻眷村生活記憶的「菜櫥仔」及「老電視機」創意設計，亦在屏東總圖的候車亭營造「Open Book」意象，讓民眾為之驚豔，直呼「等公車也可以拍照打卡，一點都不無聊。」

文化處處長吳明榮表示，以台灣早期生活物件「菜櫥仔」、「老電視機」為發想，在不變動原有主結構的前提下進行外觀包覆，將常民文化透過幽默童趣的風格呈現，並藉由視覺上的誇飾效果，復刻眷村生活記憶，與勝利星村整體環境氛圍相呼應，滿足民眾的打卡欲。

就這樣，屏東縣跳出框架，在制式做法外，注入活水源頭，縣長潘孟安說，屏東，總是多一度，除了溫度，還有源源不絕的創意，等你來發現。 ⓟ

● 從→土地

↘而出的

破
屏東—▶始

框一→而出

終向前 ◯

＃日以繼夜，翻頁，就是全新的起點，屏東繼續 ——

日●夜○日●夜○日

───────────────────────────→前行。

社會人文 BGB531

無路，可走
屏東沒有路就自己鑿路

作者 —— 侯千絹

企劃出版部總編輯 —— 李桂芬
主編 —— 羅德禎
責任編輯 —— 詹于瑤
封面暨內頁美術設計 —— 方智弘
攝影 —— 邱家驊、邱浩瑜、陳俊羽
圖片提供 —— 屏東縣政府

出版者 —— 遠見天下文化出版股份有限公司
創辦人 —— 高希均、王力行
遠見・天下文化・事業群 董事長 —— 高希均
事業群發行人／CEO —— 王力行
天下文化社長 —— 林天來
天下文化總經理 —— 林芳燕
國際事務開發部兼版權中心總監 —— 潘欣
法律顧問 —— 理律法律事務所陳長文律師
著作權顧問 —— 魏啟翔律師
社址 —— 台北市 104 松江路 93 巷 1 號
讀者服務專線 —— (02) 2662-0012 | 傳真 —— (02) 2662-0007；2662-0009
電子郵件信箱 —— cwpc@cwgv.com.tw
直接郵撥帳號 —— 1326703-6 號　遠見天下文化出版股份有限公司

製版廠 —— 博創印藝文化事業有限公司
印刷廠 —— 博創印藝文化事業有限公司
裝訂廠 —— 博創印藝文化事業有限公司
登記證 —— 局版台業字號第 2517 號
總經銷 —— 大和書報圖書股份有限公司 | 電話 —— (02)8990-2588
出版日期 —— 2022 年 6 月 15 日第一版第一次印行

定 價 —— NT650 元
ISBN —— 978-986-525-604-3
EISBN —— 978-986-525-649-4 (EPUB)；978-986-525-644-9 (PDF)
書 號 —— BGB531
天下文化官網 —— bookzone.cwgv.com.tw

國家圖書館出版品預行編目(CIP)資料

無路,可走：屏東沒有路就自己鑿路/侯千絹著. -- 第
一版. -- 臺北市：遠見天下文化出版股份有限公司,
2022.06

　面；　公分. -- (社會人文；BGB531)

ISBN 978-986-525-604-3(精裝)

1.CST: 公共行政 2.CST: 屏東縣

575.33/135　　　　　　　　　111006528

天下.文化
BELIEVE IN READING